how 1
세상을 바꾼 100가지 공학기술

한국공학한림원기획감수

세상을 바꾼 100가지 공학기술

how

어떻게

글·그림 **김영훈**

1

발명과 기술이 세상을   바꿨을까요?

한겨레아이들

우리의 미래를 책임질 어린이들에게

'공학'이나 '기술'은 어린이들에게는 매우 어렵게만 느껴지는 단어입니다. 하지만 텔레비전을 보고, 자동차를 타고, 컴퓨터를 이용하는 이 모든 일들이 공학기술 없이는 불가능하답니다. 이처럼 공학기술은 우리의 생활을 윤택하고 편안하며 안전하게 하는 데 큰 공헌을 하고 있습니다.

자동차가 없다면, 전기가 없다면, 텔레비전이 없다면, 컴퓨터가 없다면, 우리 생활이 어떻게 될까요? 아마 상상할 수도 없을 겁니다.

공학기술은 수백 년에 걸친 수많은 사람의 땀과 노력으로 개발되었고, 때로는 숨어 있던 원리가 우연히 발견되기도 했답니다. 이처럼 오랜 세월 동안 수많은 과학자와 기술자들이 발명하고 개발해 온 공학기술의 혜택을 오늘날 우리가 누리고 있는 것이지요.

『HOW – 세상을 바꾼 100가지 공학기술』은 2005년 10월부터 한겨레신문에 연재된 만화를 모아서 만든 책입니다. 기술이나 공학을 어렵게 느끼는 어린이들을 위해 김영훈 화백이 재미있는 만화로 그렸고, 여기에 여러분의 호기심을 채워 줄 알찬 정보와 지식들도 많이 담았습니다.

아주 옛날 옛적의 '활과 화살'에 관한 이야기, 그리고 어린이들이 좋아하는 '로봇과 로켓'뿐 아니라 앞으로 우리가 즐기게 될 '우주관광' 이야기까지 흥미 있는 내용들이 가득합니다.

이 책을 통해 그동안 얼마나 많은 과학기술자들이 수많은 밤을 지새우며 기술을 개발했는지, 그 기술로 인해 우리가 얼마나 풍요롭고 편안한 생활을 하고 있는지를 생각할 수 있는 기회가 되었으면 합니다. 또한 역사는 도구 발명과 과학기술의 혁신에 의해 발전해 왔다는 것도 이해했으면 좋겠습니다.

더불어 미래의 희망이자 주인공인 우리 어린이들이 대한민국의 발전을 이끌어갈 공학기술자가 되는 꿈을 가져 보기를 기대합니다. 이 책을 읽은 어린이들이 멋진 공학기술자가 되어 '하늘을 나는 자동차', '식량을 대체할 수 있는 영양제' 등을 개발한다면 더 바랄 나위가 없겠지요?

마지막으로 이 좋은 책을 만드는 데 애써 주신 한겨레아이들에 감사를 드립니다.

2006년 10월
한국공학한림원 회장, 전 삼성전자 부회장
윤 종 용

세상을 바꾼
100가지 공학기술

工學
공학이란 무엇일까?

차례

우리의 미래를 책임질 어린이들에게 | 4
공학이란 무엇일까? | 6

1. 활과 화살   멀리 있는 사냥감은 내게 맡겨라 | 12
2. 토기   정착 생활의 필수품 | 18
3. 바퀴   동그라미의 혁명 | 24
4. 배   바다를 지배하면 세계도 내 것! | 30
5. 종이   중국에서 태어나 세계로 세계로 | 36
6. 나침반   동양의 진귀한 물건들을 찾아 출발! | 42
7. 포크   먹는 일을 돕는 불경스런 발명품 | 48
8. 렌즈   안경에서 망원경까지 | 54
9. 안경   나이 들어도 일할 수 있어요 | 60
10. 인쇄술   지식과 정보를 모든 사람들에게 | 66
11. 화약   창조와 파괴의 두 얼굴 | 72
12. 기계시계   태양의 시간을 시계 속으로 | 78
13. 잠수함   해상 전투 최고의 전력 | 84

14. 백신	무서운 전염병은 이제 끝!	90
15. 자동차	보름 동안 걸어갈 거리를 세 시간 만에	96
16. 콘크리트	철근과 만나 건축에 날개를 달다	102
17. 현수교	강풍과 지진에도 끄떡없어!	108
18. 석유	고갈되어 가는 인간의 필수 연료	114
19. 다이너마이트	공업용 폭약일까? 전쟁용 무기일까?	120
20. 전기	어둠으로부터 인류를 구한 빛의 혁명	126
21. 화학비료	60억 인구를 먹여 살려라!	132
22. 비타민	우리 몸을 유지하는 필수 영양소	138
23. 고속도로	현대 도시 문명의 상징	144
24. 제트엔진과 로켓	사람도 하늘을 날 수 있어!	150
25. 에니악	2차 세계대전 중 발명된 최초의 컴퓨터	156
26. 자동기계와 로봇	산업용 로봇에서 휴머노이드까지	162
27. 우주정거장	우주에 오랫동안 머물고 싶어!	168
28. 허블우주망원경	우주의 가장 먼 곳을 볼 수 있는 지구의 눈	174
29. 마천루	하늘에 닿을 만큼 높은 집	180
30. 철도	먼 거리를 빠르게! 많은 양을 한꺼번에!	186
31. 복제양돌리	배아는 생명체일까, 아닐까	192
32. 민간우주관광	우주로 놀러가 산책을 즐겨요	200

세상을 바꾼
100가지 공학기술

1 활과 화살

활의 원리

창이나 낚싯대 등을 사용해 사냥을 하는 과정에서
도구가 운동하는 모양을 관찰하고,
공기의 움직임을 이해하게 되면서
이러한 기술이 발전했대!

- 나뭇가지에 줄을 매달아 잡아당기면?
- 원래 모양으로 되돌아 가려는 성질이 있군!
- 이 탄성력을 이용해 작은 창(화살)을 쏘면 되겠네.

그래서 줄을 뒤로 잡아당겨 에너지를 축적시켰다가 그 에너지로 화살을 멀리 날려 보내는 법을 알게 됐지. 그리고 탄성력의 크기는 탄성을 지닌 물체가 변형된 크기에 비례해 커져.

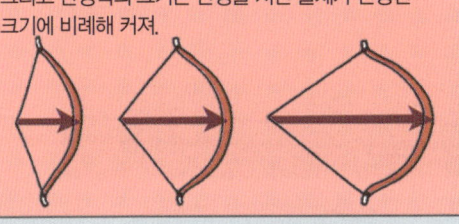

- 이 기술이 발달함에 따라 이전에 사용하던 창보다 훨씬 빠르고 효과적이라는 사실을 알게 됐지.
- 자, 이제 사과를 내놔!

활의 역사와 종류

중석기시대와 신석기시대(기원전 1만 2천 년~8천 년) 무렵, 무기에 혁명이 일어났습니다. 이 혁명은 오늘날의 화약, 기차, 항공기, 원자탄 발명과 맞먹는 것이지요. 창, 돌팔매, 단검, 손도끼, 활과 화살촉 같은 도구(무기)는 오늘에 이르기까지 생활과 전쟁에서 유용하게 쓰여 왔지만, 언제 어디에서 어떻게 발명되었는지 정확하게 알 수는 없습니다. 단지 구석기시대가 끝날 무렵 지중해 연안에서 발명되어 널리 쓰이게 된 것으로 추측할 뿐이지요. 작은 부싯돌 조각이나 식물의 가시를 화살 끝에 붙여 날카롭게 만들곤 했지만, 화살의 재료가 쉽게 썩는 나무였기 때문에 지금까지 전해오지는 않는답니다.

만들어 보자!

1. 탄성이 좋은 대나무를 구한다(마디와 마디 사이가 40cm 이상, 지름 4~6cm 정도).
2. 활시위는 고무줄처럼 늘어나는 재질보다, 플라스틱 끈 같은 것이 좋다. 집에서 잘 찾아보면 플라스틱 재질의 끈을 구할 수 있을 것이다. 낚싯줄 같은 것도 좋다.
3. 대나무를 네 조각으로 쪼개 그 가운데 두 개를 골라 40cm 정도의 길이로 자른다.
4. 쪼갠 대나무를 불에 살살 달구어 모양을 잡아 준다. 약한 불로 천천히 달구면서 중간 중간 원하는 대로 모양을 만들어 주면 된다. 힘을 지나치게 주면 부러지니 조심. 모양이 둥글게 되었으면 바로 찬물에 넣어 모양을 고정시킨다. 이렇게 두 개를 같은 모양으로 만들어 겹쳐서 전체적으로 모양을 잡으면서 무명실로 묶는다.
5. 활대가 완성되었으면 활대 양 끝에 끈을 묶는다. 이때 한쪽 먼저 여러 번 친친 감아서 단단히 고정시킨 다음, 반대쪽으로 잡아당긴다.
6. 남은 대나무를 가늘게 쪼개서 화살을 만든다.
7. 활줄에 거는 부분에 홈을 판다. 화살촉을 이루는 앞부분에는 못을 붙인다. 촉이 있어야 활강이 잘 된다.

17

2 토기

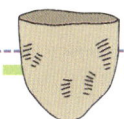

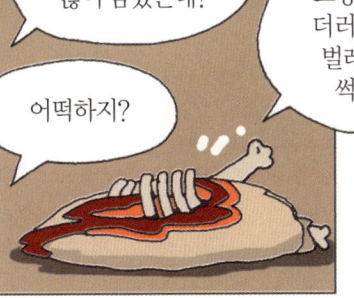

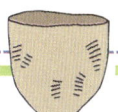

유약: 도자기 몸에 입혀 도자기에 액체나 기체가 스며들지 못하게 하고 겉면에 광택이 나게 하는 유리질 소재.

좀 더 알아볼까요?

완전정복 우리나라의 토기

우리나라 토기의 특징

1. 각 시대의 생활상, 문화상을 엿볼 수 있는 자료이다.
2. 시대적·지역적 특징이 나타난다.
3. 고려청자, 분청사기, 조선백자 등을 탄생시킨 바탕이 되었다.
4. 주변 지역과의 교류를 통해 새로운 요소를 흡수해 우리나라 고유 형태로 발전시켰다.

우리나라 토기의 변천

1. 선사시대 토기

- 수날법(손으로 집어 만드는 것)과 테를 쌓는 방법으로 모양을 만들었다.
- 노천 가마에서 굽기 : 산소와 만나는 시간이 많아서 흙 속의 철분이 산화되어 갈색을 띤다.
- 종류 : 신석기시대-덧무늬토기·빗살무늬토기, 청동기시대-민무늬토기·특수 토기

● **덧무늬토기**(융기무늬토기)
① 우리나라 최초의 토기
② 흙을 덧붙여서 모양을 낸다.

● **민무늬토기**
① 청동기의 대표적 토기
- 전기 : 미사리식 구멍무늬 토기
- 후기 : 아가리겹띠 토기

● **빗살무늬토기**(즐문토기)
① 신석기의 대표적 토기
② 좌우대칭의 모양
③ 직선과 곡선의 조화를 이용한 추상성이 뛰어나다.
④ 변천 : 그릇 표면 전체 문양 → 중단부 모양 점차 소멸 → 상단부만 문양(청동기의 민무늬토기로 계승, 발전)

● **특수 토기**
① 시각적 아름다움과 장식성
② 의례용으로, 단지형이 많다.
③ 종류
- 채도(채문토기) : 일부러 그을음을 묻혀 문양을 만든다.
- 홍도(적색마연토기) : 표면에 산화철을 바르고 말린 뒤 식물성 기름으로 문질러 광택을 낸다. 피를 상징하며 귀신을 물리친다는 의미가 있다.
- 흑도(흑색마연토기) : 철기 문화를 숭배하는 의미로, 흑연을 칠하고 갈아서 만든다.

2. 고대 토기
- 회전판을 사용해 만들었으며, 이후 물레 단계로 발전된다.
- 굴가마 등장 : 공기 차단으로 흙 속의 철분이 산소를 빼앗겨 회색을 띤다.

3. 삼한 토기
- 낙동강 유역을 중심으로 발전 : 철 생산지, 제철 산업의 발달로 얻은 고온을 내는 기술과 관련이 있다.
- 항아리 형태 본격화 : 새끼줄 무늬, 승석문, 타날 기법 사용

4. 신라 가야 토기
- 굽다리토기 : 의례용, 제기용. 일본에 영향을 주었다.
- 목긴항아리 : 자신감이 넘치고 힘찬 생명력이 느껴진다.

굽다리토기　　목긴항아리

5. 통일신라 토기
- 불교적 색채 강화
- 연유(녹갈색 유약) 사용
- 균형미, 장식미가 뛰어나다.
- 화장법의 보급에 따라 뼈 항아리인 골호 형태가 많다.

녹유병　　골호

6. 상형 토기(이형 토기)
- 동물이나 여러 기물들의 형상
- 그릇의 기능
- 의례나 제기용
- 기마 인물형 토기, 오리형 토기, 가옥형 토기 등

기마 인물형 토기　　가옥형 토기

세상을 바꾼
100가지 공학기술

3 바퀴

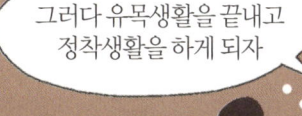
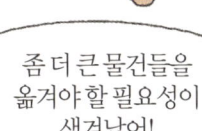

동그라미의 혁명

바퀴는 '미끄럼 마찰'을 '굴림 마찰'로 변화시켜, 물체가 이동할 때 생기는 저항을 감소시키는 원리를 이용한 것입니다. 이것이 자동차 같은 동력 기관과 결합하면서 인간을 빠른 속도로 이동할 수 있게 해 주었지요. 바퀴의 발명과 수레나 마차, 자동차, 기차 등 운송 수단의 발명은 인류 문명에서 운송의 혁명을 뜻하는 거예요. 상상조차 할 수 없었던 먼 지역으로 물자를 보내고 사람이 오고 갈 수 있게 된 것입니다.

바퀴로 움직이는 것들
- 자동차
- 기차
- 진공청소기
- 인라인스케이트
- 쇼핑 카트
- 탱크

마찰력이란?

마찰력은 물체와 접촉면 사이에 작용하는 힘이에요. 물체와 접촉면이 맞닿을 때 접촉면이 물체의 운동을 방해하는 것이지요.

매끄러운 얼음 위에서 물체를 이동하는 것보다 거친 땅 위에서 이동하는 것이 더 힘든 이유는 접촉면이 거칠수록 마찰력이 커지기 때문이랍니다.

마찰력은 운동 방향과 항상 반대 방향으로 작용하며, 물체의 무게가 무거울수록 커지지만, 물체가 접촉하는 부분의 넓이와는 상관이 없답니다.

도르래

도르래는 땅에서 무거운 물체를 들어올리는 도구입니다. 도르래의 바퀴는 줄을 감을 수 있게 가장자리를 따라 홈이 파여 있지요. 매달아 놓은 바퀴에 줄이 지나가게 해서 줄을 당김으로써 반대편 끝에 매달려 있는 물체를 들어올리는 거예요. 힘의 방향을 바꾸어 주기 때문에 무거운 물체도 쉽게 들어올릴 수 있답니다. 도르래를 하나 더 달면 물체를 들어올리는 힘이 반으로 줄어듭니다. 크레인이나 엘리베이터 같은 기계 장치가 도르래를 이용한 것입니다.

도르래를 발명한 사람은 아르키메데스라고 해요. 어느 날 그리스 시라쿠사라는 지방의 왕이 아르키메데스에게 커다란 배를 바닷가로 끌고 가서 바다에 띄우라는 명령을 내렸답니다.

아르키메데스는 몇 날 며칠 뚝딱거리며 기계를 만들었어요. 마침내 그는 나무틀에 도르래를 여러 개 연결해 두고 밧줄 한쪽 끝을 배에 묶었습니다. 그러고는 밧줄의 다른 쪽 끝을 잡아당겼지요. 그러자 배가 스르르 미끄러지면서 바다로 향했답니다.

톱니바퀴

톱니바퀴는 톱니가 나 있는 바퀴들이 서로 맞물려 힘을 전달하는 장치로, '기어'라고도 해요. 누가 발명했는지는 알려지지 않았지만, 로마에서 사용했다는 기록은 남아 있답니다.

톱니바퀴의 종류는 매우 다양하지만, 움직이는 원리는 모두 같습니다. 작은 바퀴는 빨리 돌고, 큰 바퀴는 천천히 돌아서 톱니가 서로 맞물림으로써 들어간 힘의 양보다 일의 양이 커지게 만드는 것이지요.

좀 더 알아볼까요?

우리나라 3대 조선소 견학 안내

우리나라 최고! △△조선소로 오세요!

현대 미포조선소_현대중공업
- **위치** 울산광역시 미포만
- **설립** 1972년
- **조선소 견학 신청 방법**
  현대중공업 문화부
  전화 문의 052-230-2235
  전자우편 문의 oseyo@hhi.co.kr
  홈페이지 http://www.hhi.co.kr

큰 배가 물에 뜨는 원리

물속에 물체를 넣으면 물체가 가라앉은 만큼 물이 옆으로 밀려나는데, 이 물의 무게는 물체의 무게와 같습니다. 그러면 물체가 밀어 낸 물의 무게만큼 물이 물체를 위로 밀어 올리려고 하지요. 예를 들어 무게가 1만 톤인 배를 물에 띄웠다면, 배가 밀어 낸 물의 양도 1만 톤이며 배는 1만 톤의 밀어 올리는 힘을 받습니다. 배의 무게와 밀어 올리는 힘이 같아지면 배가 뜨는데, 이 힘을 '부력'이라고 하지요.

물 속에 물체를 넣으면 물체의 부피만큼 물이 위로 올라갑니다. 위로 올라간 물의 양만큼 아래에서 위로 부력이 작용하고 있는 거예요. 부력을 크게 하려면 물체의 무게는 작게 하고 부피는 최대한 크게 만들어야 합니다. 따라서 배의 밑 부분에 빈 공간을 넓게 만드는 것이랍니다.

무게가 같은 나무나 알루미늄 철 같은 물체를 물속에 넣으면 밀어 내는 물의 양이 다 다르므로 부력도 저마다 다르게 받게 됩니다.

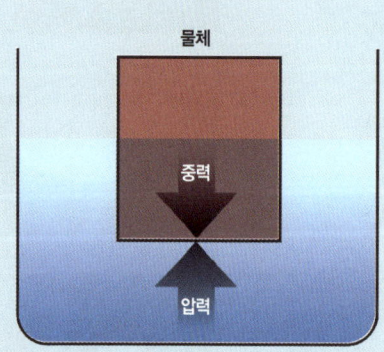

대우 옥포조선소_대우조선해양주식회사

- **위치** 경상남도 거제시 옥포만
- **설립** 1981년
- **조선소 견학 신청 방법**
  전화 문의 055-680-2262~4
  전자우편 문의 welcome@dsme.co.kr
  홈페이지 http://www.dsme.co.kr

삼성 거제조선소_삼성중공업

- **위치** 경상남도 거제시 신현읍 장평리
- **설립** 1977년
- **조선소 견학 신청 방법**
  삼성중공업 거제조선소 홍보파트(월~금 10시~16시)
  전화 문의 055-630-3330, 8600
  전자우편 문의 shi.pr@samsung.com
  홈페이지 http://www.shi.samsung.co.kr

배에 대해 궁금한 몇 가지

1. 세계에서 가장 빠른 배는?
'물 위를 나는 배'라 불리는 위그선이 현재까지 가장 빠른 배로 알려져 있습니다. 위그선은 시속 500km로 달릴 수 있는데, 이는 자동차보다는 5배 정도 빠르고, 여객용 비행기와 비슷한 수준입니다. 위그선이 이렇게 빨리 달릴 수 있는 것은 바다 위를 2~3m 떠서 날아가기 때문인데, 그래서 배가 아니라 비행기라고 주장하는 사람들도 있지만 국제적으로는 배라고 판정되었습니다. 우리나라도 2010년 위그선 상용화를 목표로 정부와 기업이 협력해 개발 중입니다.

위그선

2. 세계에서 가장 큰 배는?
1975년 일본의 오파마 조선소에서 만들어진 자르 바이킹(Jahre Viking)호입니다. 만들어질 당시 이 배의 이름은 해피 자이언트(Happy Giant)였으며, 용도는 유조선입니다. 이 배는 무게 56만여 톤에 길이가 458.5m에 이릅니다. 이는 프랑스의 에펠탑(306m)보다 150m 이상 더 긴 것입니다. 1980년 일본 니폰 코안사에서 배의 가운데 부분을 81m 늘리면서 길이가 566.5m가 되었습니다.

3. 우리나라에서 가장 큰 배는?
우리나라에서 가장 큰 배는 기름을 실어나르는 유조선으로, 현대상선 주식회사에서 운영하는 '현대스타' 호입니다. 이 배가 한꺼번에 실을 수 있는 원유 양은 약 30만 톤으로, 이는 우리나라 전체에서 하루에 소비하는 양과 비슷합니다. 배의 길이는 63빌딩보다 131m가 더 긴 380m이고, 넓이는 잠실종합운동장보다 2배나 더 넓은 5,000평 정도입니다.

현대스타 호

세상을 바꾼
100가지 공학기술

5 종이

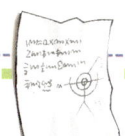

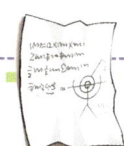

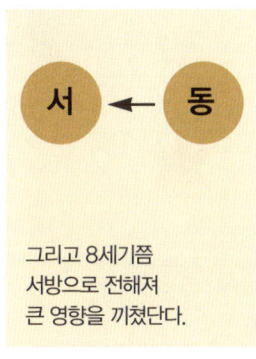

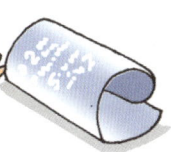

세상을 바꾼
100가지 공학기술

 좀 더 알아볼까요?

채륜(?~121년?): 중국 후한시대에 태어났어요. 궁중의 집기 등을 만들고 관리하는 일을 했으며, 97년에 군인들이 허리에 차는 긴 칼 등을 만들었지요. 그 후 톱밥·헝겊·풀 등을 재료로 해서 '채후지'라는 종이를 발명했답니다. 벼슬이 높아졌으나 이후 정치 싸움에 휘말려 끝내 독을 마시고 스스로 목숨을 끊었다고 해요.

종이 기술의 전파 경로

- 오슬로 1550
- 런던 1309
- 뉘른베르크 1319
- 베네치아 1276
- 이스탄불
- 사마르칸트 751
- 투루판 296
- 둔황 150
- 하티바 1150
- 시칠리아 1056
- 다마스쿠스
- 니야 250~300
- 누란 260
- 낙양 105
- 평성경 610
- 페스 1100년경
- 알렉산드리아 900년경
- 카이로 900년경
- 바그다드 793

중국에서 태어나 세계로 세계로

비단이 비단길을 따라 전해졌듯이 채륜이 만든 채후지는 유럽으로 전해졌답니다. 그렇다면 우리나라에는 언제 전해졌을까요? 2~3세기 낙랑과 후한 사람들이 고구려와 백제에 들어오면서 종이를 가져왔을 것이라는 추측도 있고, 4세기 중반 불교가 우리나라에 전해지면서 불교 경전을 적는 데 종이를 이용했을 것이라는 추측도 있지만, 뚜렷한 기록은 없습니다.

610년 고구려의 담징이 종이와 먹을 일본에 전했다는 〈일본 서기〉의 기록을 토대로 볼 때, 그 이전에 이미 우리나라에서 종이를 만들어 썼으며, 일본은 우리나라를 통해 종이를 처음으로 접하게 되었다는 사실만큼은 틀림없습니다.

우리나라 고유의 종이, '한지' 만드는 방법

닥나무나 삼지닥나무 껍질을 다발로 묶어 물을 부은 가마솥에 세우고 가마니로 둘러싼 뒤 불을 땝니다. 껍질이 흐물흐물 벗겨질 정도로 삶아 껍질을 벗겨 말립니다. 말린 껍질을 다시 물에 불려 발로 밟은 다음 하얀 속껍질 부분만 가려 내 양잿물을 섞어 세 시간 이상 삶아 압축기로 물을 짜내지요. 여기에 닥풀 뿌리를 으깬 끈적끈적한 물을 넣고 골고루 섞은 다음 이 종이물을 발로 걸러서 얇게 떠내면 한지가 탄생한답니다. 오늘날에도 전통적인 방식을 그대로 살려 한지를 만들고 있어요.

이렇게 만들어 낸 한지는 흔히 '살아 있는 종이'라고 할 정도로 빛, 바람, 습기 같은 자연현상과 잘 어울리지요. 빛과 바람은 그대로 통과시키며 습도는 알맞게 조절해 줍니다. 또한 닥나무나 닥풀뿌리 같은 재료로 만들었기 때문에 아주 질기답니다. 조선시대에는 한지를 수출까지 했다고 해요. 게다가 이러한 특성을 살려서 한지를 몇 겹씩 덧대어 갑옷을 만들어 입었답니다. 이를 '지갑'이라고 하는데, 화살도 뚫지 못할 정도로 질겼다고 해요.

파피루스 – 신과 왕을 위하여!

종이 만드는 기술이 유럽에 전해지기 전까지는 나일강을 중심으로 파피루스를 재배해 종이로 만들어 사용했답니다.

고대 이집트 사람들은 지중해 연안 습지에서 자라는 파피루스라는 식물의 줄기를 모아 껍질을 벗기고 속을 가늘고 길게 자른 뒤, 그 조각들을 엮어 말려서 종이 비슷한 용도로 사용했지요. 이렇게 만든 인류 최초의 종이 파피루스는 신과 왕만 쓸 수 있는 신성한 것이었답니다. 그 밖에 파피루스로 보트나 돛대, 매트, 옷, 끈 등도 만들었다고 해요.

지금은 파피루스가 이집트의 관광 명물이 되었는데, 유명해진 만큼 바나나 잎으로 만든 가짜 파피루스로 관광객을 속이는 경우가 많답니다.

파피루스 박물관

세상을 바꾼
100가지 공학기술

6 나침반

세상을 바꾼
100가지 공학기술

좀 더 알아볼까요?

지구는 거대한 자석

지구는 양파처럼 여러 층으로 이루어져 있어요. 지구 가장 안쪽에는 거대한 공 모양의 '내핵'이 있습니다. 내핵의 온도는 금속도 녹을 정도(6,000℃ 이상)로 높지만, 단단한 겉껍질이 내핵을 감싸고 있어서 고체 상태를 유지합니다. 내핵 바깥쪽으로는 액체 상태의 외핵이 있는데, 외핵에는 주로 철과 니켈이 녹아 있지요.

고체 상태의 내핵과 액체 상태의 외핵은 지구가 돌 때 서로 다른 속도로 움직입니다. 그러면서 액체 상태의 금속은 N극과 S극으로 이루어진 자석의 성질을 띠게 되는 거예요. 지구 중심부에 아주 커다란 막대자석이 들어 있다고 생각하면 되겠지요. 지구 내부의 막대자석에서 자기력이 뻗어 나와 나침반의 자석에 영향을 주면 나침반의 바늘이 남극과 북극을 가리키게 됩니다. 사람들은 그것을 보고 지금 자기가 있는 방향을 알 수 있지요. 쉽게 말해 나침반의 S극이 지구의 S극과 만나면 서로 밀어 내기 때문에 바늘이 빙글빙글 돌고, S극이 N극을 만나면 잡아당겨서 방향을 가리킨다는 거예요.

지구의 북극

자기장

지구의 자기력선

지구의 남극

S극이 지구의 북쪽(N)으로 흐르고 N극이 지구의 남쪽(S)으로 흐르면서 자기장을 만들어 냅니다.

자석으로 나침반 만들기

1. 대야에 물을 받아 놓습니다.
2. 그 위에 살며시 나무조각을 띄웁니다.
3. 이번에는 나무조각 위에 막대자석을 올려놓습니다.
4. 나무조각이 움직이다 대야 한가운데 자리를 잡고 멈추면 나무조각 나침반이 가리키는 방향과 실제 나침반이 가리키고 있는 방향이 같은지 비교해 봅니다.

광활한 세계로 세계로

자석이 늘 남북 방향을 가리킨다는 사실을 가장 먼저 발견한 사람은 누구일까요? 아쉽게도 누구인지는 전하지 않습니다. 하지만 자석의 유래나 이용에 대한 가장 오래된 기록이 중국 후한시대의 책이므로, 처음으로 방향을 가리키는 데에 자석을 사용한 민족을 중국의 한족이라고 미루어 짐작하는 거예요.

문헌 사례 1 자석의 성질을 적고 있는 세계에서 가장 오래된 문헌은 후한(25~220년) 시대 〈논형〉이에요. 이 책에는 '자석인침(慈石引針; 어진 어머니 곁에 자식들이 모여드는 것처럼 철 조각들이 자석 주위에 모인다는 뜻)'이라는 내용 말고도 '사남의 국자'라는 기록이 있습니다. 천연 자석을 국자 모양으로 만든 '사남의 국자'를 탁자 위에 올려놓으면 그 국자의 머리가 남쪽을 향한다는 내용이지요.

문헌 사례 2 자석은 '마그네시아의 돌'이라는 뜻으로 '마그네트(Magnet)'라고 부릅니다. 여기에서 천연 자석이 소아시아의 마그네시아라는 지방에서 많았던 것이라고 추측해 볼 수 있습니다. 전해오는 이야기에 따르면, '마그누스'라는 크레타 섬의 양치기가 철판으로 만든 신발을 신고 자석이 함유된 바위 위에 서 있다가 바위에서 발을 뗄 수 없다는 사실을 발견했다고 합니다. 이는 나침반이 유럽에 알려지기 몇 세기 전에 이미 천연 자석에 대해 알고 있었다는 뜻이에요. 하지만 그것을 나침반으로 사용하게 된 것은 중국 사람들이지요.

문헌 사례 3 11세기 중국 송나라 사람 심괄이 쓴 〈몽계필담〉에는 그 당시 중국 사람들이 자침을 가벼운 갈대 또는 나무 등에 붙여서 물에 띄워 주택의 방향을 보는 데 이용했다는 기록이 있습니다. 심괄은 또 자침을 명주실에 매달아 사용할 수도 있으며, 바늘을 자석에 대고 문지르면 그 바늘도 자기력을 띤다는 등의 내용을 자세히 적어 놓았지요.

문헌 사례 4 바다를 항해할 때 나침반을 사용한 것은 심괄 이후입니다. 12세기 초 〈평주가담〉이라는 책에는 "하늘이 흐려 북극성이나 태양으로 방향을 잡기 어려울 때 자침을 물에 띄워 일종의 나침반을 만들었으며, 그것에 의지해 항해를 계속했다."는 기록이 있습니다. 이러한 자석(나침반)에 얽힌 이야기들이 아랍 선원들을 통해 유럽으로 전해졌고, 이것을 항해에 사용하는 기술이 마침내 전 세계로 퍼지게 된 것이랍니다.

세상을 바꾼
100가지 공학기술

포크

비잔틴제국: 테오도시우스 1세가 죽은 뒤 동과 서로 분열된 중세 로마제국 가운데 동로마제국(330~1453년)

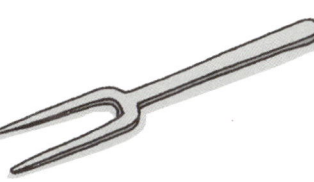

포크의 가계도

그리스·로마 시대의 식사에 관한 예절을 정리한 문헌에도 포크 같은 것은 나와 있지 않습니다. 중세에 과일용 포크가 있기는 했지만 그것조차 쉽게 접하기는 어려웠지요. 영국의 기록에 따르면, 1608년에 T. 콜리어트라는 사람이 이탈리아에서 처음으로 포크를 들여왔다고 합니다. 영국 사람들은 이것을 "겉멋만 잔뜩 든 간들거리는 물건"이라고 비아냥거렸고, 신이 창조한 인간의 손을 모방했다는 불경죄를 뒤집어씌우기도 했지요. 영국이나 프랑스에서 포크가 널리 쓰이기 시작한 것은 17세기 말부터였습니다. 그 전까지만 해도 음식은 모두 손으로 집어 먹었고, 커다란 고기를 썰 때 공동으로 사용하는 나이프만 식탁 위에 올려놓았지요.

포크가 '갈퀴'라는 뜻이므로, 외양간에서 쓰는 갈퀴가 좀 더 작고 편리한 모습으로 사람의 식탁으로 옮겨 온 것이 아닐까 추측하기도 합니다. 갈퀴는 주로 마른 풀을 들어올리는 3갈래 갈퀴와 삽의 역할을 하는 4갈래 갈퀴로 나뉘는데, 이는 식탁에서도 마찬가지입니다.

갈퀴
포크의 기원. 풀을 긁어모으거나 여물을 퍼 올리는 데 사용하는 도구입니다.

1갈래 포크
널리 사용되지는 않습니다. 그렇다고 해서 전혀 쓸모가 없는 것도 아니지요. 버터 조각을 요리에 쉽게 떨어뜨리려고 사용하는 집게가 1갈래 포크이며, 달팽이 요리나 견과류 속을 파먹는 도구도 모두 1갈래 포크에 속한답니다.

2갈래 포크
주방에서 고기를 썰고 그릇에 담을 때 쓰입니다. 칼로 고기를 썰 때 고기가 움직이지 않도록 포크를 끼워 누르지요. 잘라 낸 고기 조각을 커다란 주방용 오븐에서 접시로 옮기는 데에도 2갈래 포크가 요긴하게 쓰입니다.

서양식 식사 예절 배워 보기

- 예약한 식당에 가서 정해진 자리로 안내를 받습니다. 이때 의자 왼쪽으로 들어가 등받이 쪽으로 깊숙이 앉습니다.
- 메뉴를 정하고 음식을 기다리는 동안 냅킨을 펴서 무릎 위에 올려놓습니다.
  → 냅킨은 식사하면서 입이나 손끝을 닦는 데 사용합니다.
- 스푼, 포크, 나이프를 사용할 때 그릇에 부딪치는 소리가 크게 들리지 않도록 합니다.
  → 포크나 나이프는 주문하는 음식에 따라 달라집니다. 바깥쪽에 놓인 것부터 순서대로 사용하면 됩니다.
- 수프를 먹을 때는 그릇의 앞쪽에서 뒤쪽으로 떠서 먹습니다. 수프가 조금 남았을 때는 그릇을 뒤쪽으로 조금 기울여 떠먹으며, 다 먹고 나면 스푼을 그릇 위에 놓습니다.
- 고기를 먹을 때는 왼손으로 포크를 쥐어 음식을 눌러 주며, 오른손으로 나이프를 쥐고 한 입 크기로 잘라서 포크로 찍어 먹습니다.
  → 왼손의 포크를 오른손으로 옮겨 쥐고 먹어도 됩니다.

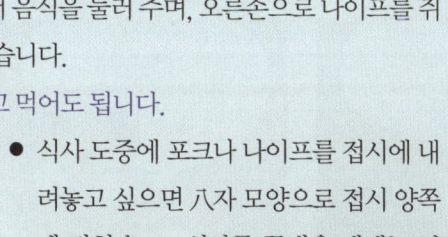

- 식사 도중에 포크나 나이프를 접시에 내려놓고 싶으면 八자 모양으로 접시 양쪽에 걸쳐 놓고, 식사를 끝냈을 때에는 접시 위에 나란히 올려놓습니다.
- 빵은 먹을 만큼 손으로 떼어 버터나이프로 버터나 잼을 발라 먹습니다.
- 식사가 끝나면 냅킨을 적당하게 접어서 테이블 왼쪽에 살며시 놓습니다.

3갈래 포크와 4갈래 포크

이전의 포크의 장점을 더욱 살리고 단점을 보완해서 탄생했지요. 스파게티 같은 가느다란 면발을 먹을 때에는 포크의 가지에 면발이 걸리기 쉬운 3갈래 포크를 주로 사용하고, 샐러드처럼 조금 크고 넓적한 음식을 들어서 먹을 때에는 4갈래 포크를 사용합니다.

렌즈

세상을 바꾼 100가지 공학기술 8

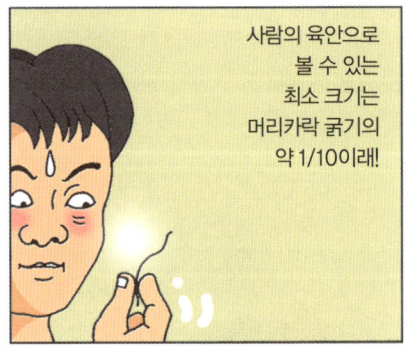

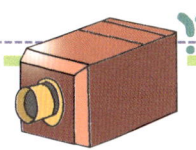

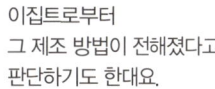
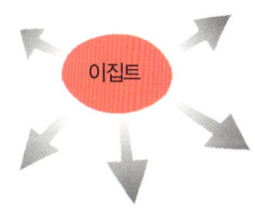

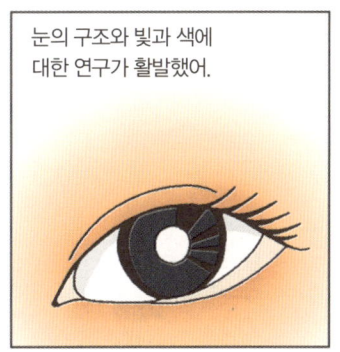

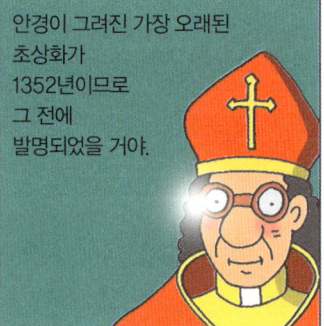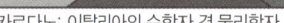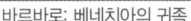

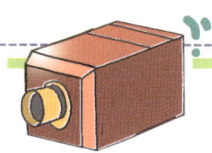

자연발생설: 생물은 자연적으로 우연히 무기물로부터 발생한 것이라는 설.

망원경

빛이란 무엇일까요?

우주를 통틀어 가장 빠른 것이 무엇일까요? 바로 빛이랍니다. 우리가 눈을 한 번 깜박이는 동안 지구를 일곱 바퀴 반이나 돌 수 있지요. 1초에 30만km의 속도로 달릴 수 있습니다. 빛은 우리가 물체를 볼 수 있게 해 줍니다. 이처럼 어떤 물체를 본다는 것은 물체를 통과하거나 물체에 반사된 빛이 우리 눈에 들어오는 것이랍니다. 이때 색깔도 함께 볼 수 있습니다.

빛과 물체가 가까이 있을 때에는 그림자의 크기가 크고, 빛과 물체가 멀리 떨어져 있을 때에는 그림자의 크기가 작습니다. 또 빛의 밝기에 따라 그림자의 농도도 달라지지요.

빛의 직진 빛의 성질 가운데 대표적인 것으로, 태양이나 전등 같은 광원에서 나온 빛이 같은 물질 내에서 직선으로 나아가는 현상이에요. 이처럼 공기 중에서 곧게 뻗어 나가는 빛의 성질을 쉽게 확인할 수 있는 것은 레이저예요. 레이저 기계에서 나온 붉은 빛줄기가 뚜렷한 직선 모양으로 보이지요. 또 그림자도 빛의 직진을 설명할 수 있는 좋은 예랍니다. 나무처럼 불투명한 물체가 있으면 빛은 나무를 통과하거나 돌아가지 못하지요. 그래서 더는 앞으로 나아가지 못하고, 나무 뒤쪽에 그림자가 생기는 거예요.

빛의 반사 빛은 소리처럼 반사됩니다. 거울처럼 판판하고 매끄러운 면에서는 빛이 반사되는데, 손전등을 거울에 비추어 보면 거울까지 직선으로 나아가다 거울에 부딪쳐 방향을 바꾸는 것을 볼 수 있습니다. 잔잔한 연못이나 호수를 들여다보면 자기 얼굴이 비치는 것도 빛이 반사하기 때문에 볼 수 있는 현상이지요.

빛이 연못 표면에 부딪칩니다.
빛이 반사되면서 사물의 모습을 볼 수 있습니다.

일곱 빛깔 무지개

햇빛이 공기 중에 떠 있는 물방울을 통과하면 무지개가 생깁니다. 물방울이 프리즘과 같은 역할을 해서 햇빛을 일곱 빛깔로 나누는 것이지요. 무지개는 보름달처럼 달이 밝게 뜬 밤에도 나타난답니다. 밤에 생기는 무지개를 '달무지개' 또는 '밤무지개' 라고 하는데, 공기 중의 물방울이 햇빛이 아니라 달빛을 나눈다는 것만 다르고, 원리는 같습니다.

커튼처럼 드리워지는 오로라

오로라는 남극이나 북극 근처에서 나타나는 현상이지요. 태양에서 튀어나온 빛이 공기 중의 분자와 세게 부딪칠 때 붉은색, 파란색, 노란색 오로라가 커튼처럼 드리워진답니다.

렌즈의 종류

오목렌즈 가운데 쪽으로 갈수록 얇고 언저리 쪽이 두껍지요. 사물이 실제보다 작게 보입니다.

볼록렌즈 가운데가 볼록하게 도드라진 렌즈랍니다. 통과하는 빛을 한 점으로 모아서 사물이 실제보다 더 크게 보이지요.

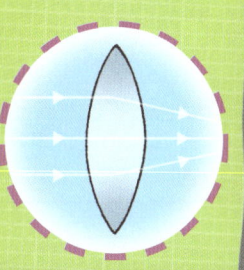

빛의 굴절 빛이 어떤 물질의 경계면에 닿아 방향을 바꾸는 것을 '빛의 굴절' 이라고 해요. 렌즈는 빛의 굴절을 이용해 만든 장치랍니다. 굴곡이 있는 유리나 플라스틱은 빛을 굴절시켜서 물체를 더 크거나 더 작게, 그리고 더 뚜렷하게 보이도록 합니다. 안경의 렌즈는 눈 상태에 맞추어 빛을 알맞게 굴절시켜서 사물을 더 잘 보이게 하는 것이지요.

빛이 물 표면을 통과하면서 방향을 바꿔 빨대가 꺾여 보입니다.

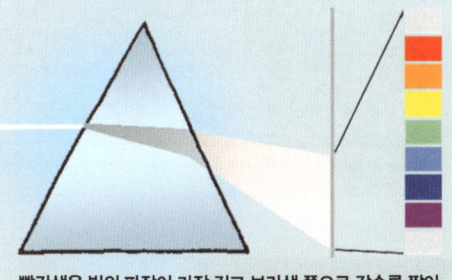

빨간색은 빛의 파장이 가장 길고 보라색 쪽으로 갈수록 짧아집니다. 파장이 짧을수록 산란이 많이 되지요.

빛의 분산과 산란 빛의 속도는 빛의 파장, 즉 색깔에 따라 달라집니다. 태양에서 나오는 빛이나 전등에서 나오는 빛은 모두 아무 색깔이 없는 백색광이므로 우리 눈으로는 색감을 느끼지 못합니다. 하지만 투명한 유리(또는 플라스틱)로 만든 삼각형 프리즘에 햇빛을 통과시키면 빛이 일곱 색깔로 나누어집니다. 이것을 '빛의 분산' 이라고 하지요.

또 빛이 공기를 지날 때 공기 알갱이들에 부딪쳐 흩어지는 것을 '빛의 산란' 이라고 합니다. 바닷물이 푸른색을 띠는 것도 빛의 산란과 관련이 있지요. 빛이 수면에 부딪치면 바닷물이 붉은색을 흡수하고 푸른색을 산란해서 밖으로 튀어나와 파랗게 보이는 거예요.

세상을 바꾼
100가지 공학기술

9 안경

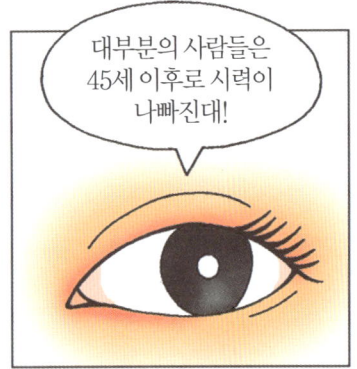

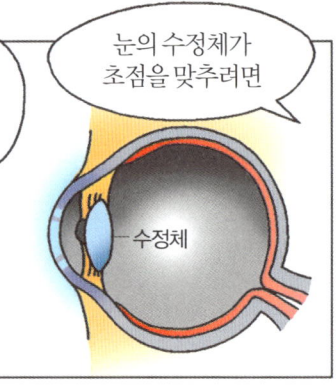

이걸 글자 위에 놓으면 글자가 둥근 면으로 확대되어 보인 거지.

•이런 효과는!

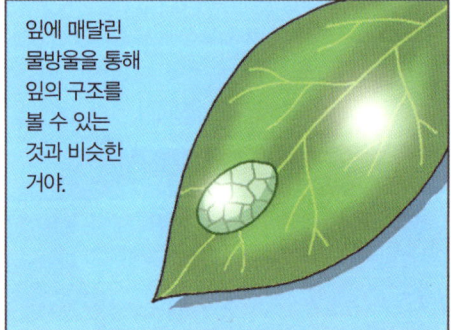
잎에 매달린 물방울을 통해 잎의 구조를 볼 수 있는 것과 비슷한 거야.

맞다, 그런 경험이 있어요!

그 뒤로 유리알을 사용하기 편하게 금속 테를 두르게 되었고
나무나 뿔로 만든 손잡이도!

어느 정도 세월이 흐르자 이 안경알은 점차 얇아지고 양쪽 면이 다같이 볼록해졌어.
더 얇게!

그러나 두 개의 안경알을 결합해 처음으로 안경을 만든 사람이 누구인지는 확실하지 않대!

다만 13세기 말 피사 출신 수사인 알레산드로 디 스피나는

그래, 두 개의 안경알을 합치면 어떨까?

그래서 테의 손잡이 두 개를 대갈못으로 연결하여 안경알 두 개를 결합시켰대.

그리고 그 안경을 코에 걸었지!

그것은 볼록렌즈로 되어 있었기에 눈의 굴절력을 강화해 주었어.
정말 또렷하게 보이네!

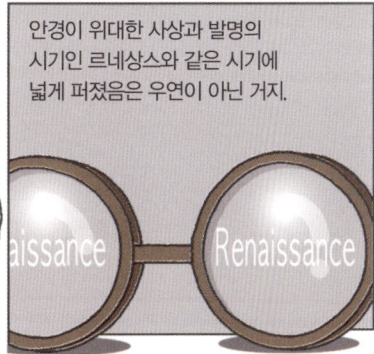

좀 더 알아볼까요?

눈에 관한 퀴즈? 퀴즈!

문1 초콜릿이나 사탕처럼 단것을 많이 먹으면 시력이 나빠질까요?
1) 예   2) 아무 관계 없어요

문2 눈이 두 개인 이유는 뭘까요?

문3 눈썹이 달려 있는 이유는 뭘까요?

문4 사람의 다섯 가지 감각인 시각, 청각, 후각, 미각, 촉각 가운데 가장 먼저 기능이 떨어지는 것은 뭘까요?
1) 시각   2) 청각   3) 후각   4) 미각   5) 촉각

답 먼저 보지 말고, 잘 생각해 보세요. 인터넷으로 자료를 찾아보는 것도 좋겠지요?

눈의 구조와 상의 전달

투명한 각막으로 싸여 있는 동공이라는 작은 구멍을 통해 빛이 눈으로 들어가면 눈 안쪽을 덮고 있는 망막 위에 상이 맺히게 됩니다. 이때 상이 또렷하게 맺히도록(상의 초점을 맞추려고) 수정체의 두께가 변하지요. 이를 '눈의 조절 작용'이라고 합니다. 이러한 과정을 통해 망막에 상이 맺힐 때에는 물체의 크기가 축소되고 위와 아래, 오른쪽과 왼쪽이 서로 바뀌게 됩니다. 하지만 망막은 맹점과 붙어 있는 시신경을 따라 뇌와 연결되어 있어서 뇌가 이러한 정보들을 바로잡아 주지요.

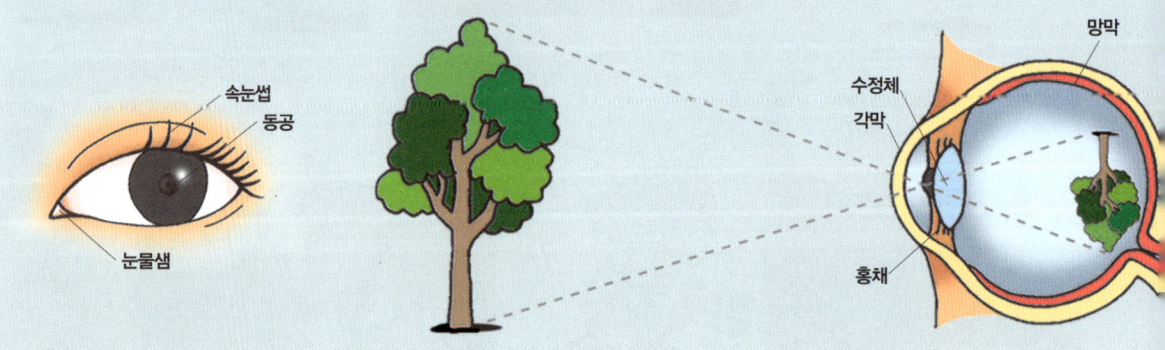

근시 멀리 있는 물체가 흐릿하게 보이는 눈. 안구의 모양이 둥글지 않고 길쭉해서 빛이 망막까지 닿지 않기 때문입니다.

원시 가까이 있는 물체가 흐릿하게 보이는 눈. 안구의 지름이 작습니다. 쉽게 말해 앞쪽 망막에서 눈 뒤에 감추어져 있는 뒤쪽 망막까지의 거리가 짧아서 빛이 망막에 모이지 않고 망막 뒤까지 넘어가는 경우입니다.

난시 항상 흐릿하게 보이는 눈. 각막의 모양이 고르지 않기 때문입니다. 초점이 망막에 모이지 않고 망막 앞쪽이나 뒤쪽에 모이는 경우입니다.

콘택트렌즈의 역사

거추장스러운 안경을 끼지 않고도 시력을 보완할 수 있는 것이 콘택트렌즈입니다. 1887년 아돌프 픽이라는 사람이 처음으로 난시 교정용 콘택트렌즈를 발명했는데, 안구 전체를 덮는 유리 렌즈였답니다. 눈에 끼고 생활하기가 너무 불편해서 오랫동안 사용할 수가 없었다고 해요. 이후 1948년에 미국의 안과 의사 케빈 투오히가 홍채와 눈동자만 덮는 좀 더 실용적인 콘택트렌즈를 개발해 냈답니다.

눈에 관한 퀴즈? 퀴즈! 답과 풀이

답1 1)번이에요. 단것을 많이 먹으면 우리 몸 안에 있는 비타민 B가 많이 소비되어 눈의 기능이 떨어집니다. 유전적으로 근시가 되거나 텔레비전, 컴퓨터 등을 너무 오랫동안 들여다봐서 근시가 되는 것 말고 단것을 많이 먹어서 근시가 되기도 한다니까 주의해야겠지요?

답2 먼저 한쪽 눈을 감고 물체를 보세요. 어떻게 보이나요? 한쪽 눈만으로도 물체의 생김새나 색깔은 가려낼 수 있습니다. 하지만 물체의 멀고 가까운 원근은 제대로 알 수가 없습니다. 또 두 눈으로 볼 때에는 물체가 입체적으로 보이지만, 한쪽 눈으로 보면 평면적으로 보입니다. 이는 오른쪽 눈과 왼쪽 눈이 3~4cm 정도 떨어져 있어서 뇌에 각각 다른 모습들을 보내기 때문입니다. 양쪽 눈은 하나의 물체를 놓고 위치를 조금씩 다르게 보거든요. 눈이 두 개인 이유는 물체의 '거리감과 입체감'을 제대로 보기 위해서랍니다.

답3 두 가지 이유가 있답니다. 첫째, 이마에서 흐르는 땀이 눈 속으로 들어가지 않게 해 줍니다. 둘째, 강한 햇빛을 조금이나마 막아 줍니다. 햇빛이 세게 비추면 눈이 부셔서 이마를 찌푸리게 되지요? 그러면 눈썹이 삐쭉삐쭉 뻗쳐서 햇빛을 가려 줍니다.

답4 1)번입니다. 눈은 열세 살 정도부터 누구나 나빠지기 시작해요. 눈이 많이 나빠지면 시력과 눈의 상태를 검사한 다음, 안경이나 콘택트렌즈를 끼거나 수술을 해서 시력을 교정해야 합니다. 시각 다음으로는 청각, 후각, 미각, 촉각의 순서로 기능이 떨어진다고 해요.

세상을 바꾼
100가지 공학기술

10 인쇄술

주빈: 여러 손님 가운데서 주된 손님.

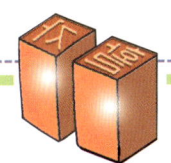

필경사: 직업으로 글씨를 쓰는 사람.

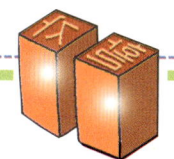

목판 인쇄술과 활판 인쇄술

	목판 인쇄술	활판 인쇄술
정의	나무판에 글자를 거꾸로 새겨 종이에 찍어 내는 인쇄 방법	글자 하나하나를 따로 이동할 수 있는 활자를 조합해서 문자를 인쇄하는 볼록판식 인쇄 방법
인쇄 방법	판의 문자면에 먹물을 고르게 칠한 다음, 종이를 놓고 밀랍 또는 기름을 묻힌 부드러운 털뭉치로 가볍게 골고루 문질러 찍어 낸다.	활자로 짜여진 판을 기계에 걸어 인쇄한다.
필요 도구	먹물, 종이, 먹솔, 밀랍, 기름판 등	활자(나무활자 또는 금속활자), 인쇄기 또는 프레스(압축기)
단점·장점	한 글자라도 틀리면 처음부터 다시 새겨야 한다. 부피가 많아 불편하다.	글자를 하나하나 따로 움직일 수 있다. 대량으로 인쇄할 수 있다.
시기	당나라(618~907년) 때에 이미 작은 불상, 경전, 지폐 등을 인쇄했으며, 그 기술이 점차 다른 나라로 전파되었다.	고려 시대(1234년)에 구리 활자를 사용해 〈고금상정예문(50권)〉을 인쇄했다는 기록이 있다. '계미자'라는 구리 활자는 세계적으로 유명하다. 이후 1460년경 독일의 구텐베르크가 납 활자를 만드는 데 성공해 압착식 인쇄기로 성서를 인쇄했다.
현존하는 세계 최고(最古) 인쇄물	751년(통일신라 경덕왕 10년) 이전의 목판 인쇄물 - 〈무구정광대다라니경〉 (1966년 발견)	1372년(공민왕 21년)의 활판인쇄물 - 〈백운화상초록불조직지심체요절〉 (프랑스국립도서관 소장)

직지심경이 어떻게 프랑스에 건너갔을까?

조선시대 병인양요 때 강화도를 점령했던 프랑스 군사가 가져간 거야.

〈백운화상초록불조직지심체요절〉

주로 〈불조직지심체요절〉 〈직지심경〉 등으로 불립니다. 문헌상으로만 전해지던 고려 주자본 중 유일하게 전해져 남아 있는 활자본이며, 세계에서 가장 오래된 문화유산이라는 점에서 그 가치가 높이 평가되고 있습니다. 뿐만 아니라, 우리 민족이 최초로 금속활자를 창안하고 발전시킨 문화 민족임을 세계에 알렸지요. 2001년 9월 〈승정원 일기〉와 함께 유네스코 세계기록유산으로 지정되었답니다.

〈무구정광대다라니경〉

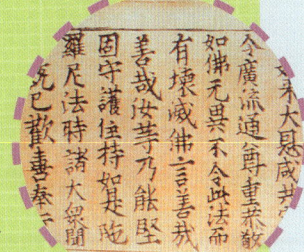

700~751년에 만들어진 목판 인쇄물입니다. 나무판에 불경을 한 글자 한 글자 새겨 넣어 종이에 찍은 것으로, 1967년 불국사 삼층석탑(석가탑)에서 발견되었습니다. 〈다라니경〉을 찍은 종이를 연구한 결과, 신라시대 것임이 밝혀졌지요. 이에 따라 세계에서 가장 오래된 목판 인쇄물이라는 사실이 밝혀졌답니다.

〈구텐베르크의 성서〉

구텐베르크가 인쇄한 라틴어 성서로, 현재 49권이 남아 있습니다.

세 가지 인쇄 방법

우리나라는 1372년 금속활자로 〈불조직지심체요절〉을, 폴란드는 1423년 로렌스가 문자를, 독일은 구텐베르크가 1460년 '42행 성서'를 대량 인쇄한 것으로 알려져 있습니다. 중국은 11세기에 인쇄기를 발명했다고 주장합니다. 활판 인쇄술의 발명가가 누구라고 잘라 말하기는 어렵습니다.

인쇄 방법은 볼록판(凸) 인쇄, 오목판(凹) 인쇄, 석판 인쇄로 나눌 수 있습니다. 볼록판 인쇄는 필요 없는 부분은 파내어 결과적으로 볼록 튀어나온 부분에 잉크를 묻혀 찍는 것으로, 20세기까지는 볼록판 인쇄밖에 없었습니다. 오목판과 석판 인쇄는 20세기 들어서 개발되었지요. 오목판 인쇄는 볼록판 인쇄와 반대로 인쇄판의 오목한 부분에 묻은 잉크가 종이에 찍히도록 고안한 것이랍니다. 석판 인쇄는 편평한 인쇄면을 화학적으로 처리해 어떤 부분에는 잉크가 묻고 어떤 부분에는 잉크가 묻지 않도록 만든 것입니다.

인쇄 방법의 발달에 따라 인쇄기도 발전을 거듭했습니다. 1600년대에는 네덜란드에서 손으로 돌려서 인쇄 속도를 조절할 수 있는 인쇄기를 만들어 냈습니다. 그리고 산업혁명 이후 인쇄기는 급속도로 발전했습니다. 인쇄물이 많이 필요하게 되자 철제 인쇄기도 탄생했지요. 그리고 1846년에는 마침내 신문이나 정기간행물을 인쇄할 수 있는 윤전기가 도입되었답니다.

이처럼 활판 인쇄는 이용할 수 있는 범위가 가장 넓은 문자 인쇄 기술이었습니다. 하지만 현재 컴퓨터 시스템을 통한 인쇄술의 보급으로 활판 인쇄도 거의 사라져 가고 있답니다.

병인양요: 대원군이 천주교도를 탄압하고 학살하자 프랑스 함대가 강화도에 침범한 사건

세상을 바꾼
100가지 공학기술

11 화약

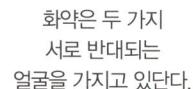

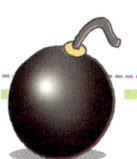

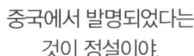

세상을 바꾼 100가지 공학기술

좀 더 알아볼까요?

화약을 구분해 볼까요?

로켓 추진용 화약

다이너마이트

흑색화약

단순히 탄환 같은 물체를 밀어내는 것은 '화약'이라고 하고, 파괴적 폭발에 쓰이는 것은 '폭약'이라고 한답니다.

폭발하는 성질을 가진 물질을 화약이라고 해요. 하지만 폭발할 때 생기는 에너지를 유용하게 이용할 수 없다면 화약에 포함되지 않습니다. 화약은 고체 또는 액체 형태로 이루어져 있으며, 쓰임새에 따라 군용 화약, 공업용 화약 등으로 나눕니다.

화약류 가운데서도 중요한 것은 다이너마이트와 무연 화약이에요. 다이너마이트는 현재 암석 폭파 등에 사용하는 산업용 화약류 가운데 가장 쓰임새가 많답니다. 무연 화약은 발사제와 로켓 추진제로 사용되고 있으며, 탄환을 발사하는 데 사용하는 발사약도 무연 화약에 속하지요. 무연 화약은 예전에 사용하던 흑색 화약보다 발사할 때 연기가 적게 나기 때문에 붙은 이름이지만, 연기가 전혀 나지 않는 것은 아니랍니다.

화약 음모 사건

로버트 케이츠비가 앞에 나섰다. 그를 따르던 가이 포크스를 비롯한 네 명이 케이츠비와 뜻을 함께하기로 했다. 그들은 어두운 밤길을 걸어 웨스트민스터 궁과 이어진 의사당 지하실로 숨어들었다. 그러곤 화약을 묻은 뒤 재빨리 그곳을 빠져 나왔다.

1605년 11월 5일, 영국 의회에서 회의를 여는 날이었다. 케이츠비는 초조하게 폭발 소리를 기다렸지만 심상찮은 정적만 흐를 뿐이었다. 그는 자신의 계획이 실패했음을 직감했다. 아니나 다를까, 곧 국왕의 군사들이 몰려왔다.

사건의 전말은 이러했다. 로버트 케이츠비와 그의 동지들은 가톨릭 교도들이었다. 이들은 국왕 제임스 1세의 가톨릭 박해 정책에 맞서는 뜻으로 의사당 지하실에 화약을 묻어 제임스 1세와 왕비, 큰아들을 비롯해 대신과 의원들을 죽이려 했던 것이다. 그러나 동지 가운데 한 사람이 이 사실을 누설했고, 결국 이 계획은 암살 미수 사건에 그치고 말았다. 음모를 꾸미고 그에 동조했던 이들은 모두 처형을 당했으며, 영국 국교회는 가톨릭 세력을 더욱 경계했다. 그리고 1606년 1월 영국 의회에서는 국왕의 무사함을 축하하고 다시는 그러한 음모가 일어나지 않기를 바라는 뜻에서 11월 5일을 감사절로 정했다. 영국에서는 지금도 이 날을 '가이 포크스 데이'라고 해서 축제를 즐긴다. 불꽃놀이를 비롯해 다양한 행사가 열리며, 밤이 되어 축제가 무르익으면 아이들은 사람들에게 얻은 돈으로 폭약을 사서 가이 포크스를 상징하는 인형을 태운다고 한다.

발명품과 전쟁의 만남

쇠붙이를 녹여서 거푸집에 부어 물건을 만드는 주물 기술이 발달하고, 화약에 대한 연구가 발전을 거듭함에 따라 대포가 전쟁에서 중요한 역할을 하게 되었어요.

절구 모양의 대포는 커다란 탄환을 높이 발사해서 떨어뜨림으로써 적을 공격하지요. 따라서 포신이 절구처럼 굵고 짧습니다. 또 우리가 흔히 대포라고 일컫는, '카농포'라는 대포는 포신이 가늘고 길어서 작은 포탄을 직선으로 빠르게 쏘아 목표물을 맞힌답니다.

대포가 전쟁의 주요 무기로 자리 잡게 되면서, 포탄을 발사할 때 그 반동으로 대포 전체가 심하게 뒤로 밀리는 단점을 고치려는 노력도 커졌답니다. 19세기 후반 영국에서 공기 압력이나 스프링의 힘을 이용해 대포의 몸체는 그대로 있고 포신만 밀리게 한 다음, 밀려난 포신을 제자리로 돌아가게 하는 장치를 개발함으로써 이 문제를 해결했지요.

> 흑색화약은 군사용 대포나 소총에 많이 쓰이게 되었어요!

작고 간편하게

대포가 소형화되면서 두 명이 옮길 수 있는 가벼운 '수포'가 발명되었어요. 이후 혼자 힘으로도 쉽게 옮길 수 있는 '화승총'이 탄생했답니다. 화승총이란 화약심지에 불을 붙여 화약을 터뜨려 쏘던 옛날 총으로, 이것이 혼자 가지고 다니면서 사용할 수 있는 소총의 개발로 이어졌지요. 이후 방아쇠를 당기면 스프링이 부싯돌에 불꽃을 일으키고, 이것이 화약에 튀어 발사되는 총이 발명되었답니다. 나중에는 총탄이 훨씬 쉽게 발사되고 발사 방향도 정확한 작은 총들이 끊임없이 개발되면서 오늘날의 권총으로 발전했지요.

화승총

> 다이너마이트는 따로 자세히 공부하기로 해요!

세상을 바꾼
100가지 공학기술

12 기계시계

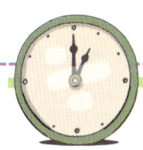

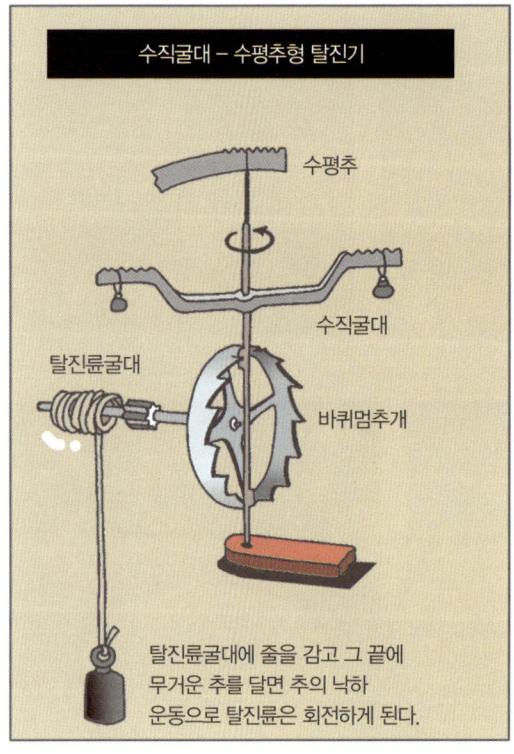

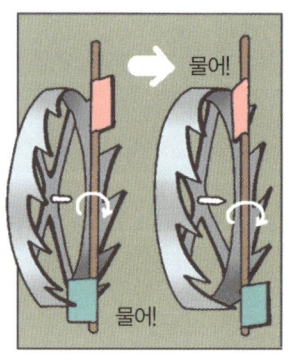

그런데 바퀴멈추개가 없으면 탈진륜은 아무런 제한 없이 회전하므로 수직굴대에 붙어 있는 두 개의 바퀴멈추개로 탈진륜의 톱니를 서로 물고 풀어 주는 일을 하여 탈진륜의 회전을 제한하는거야.

그리고 수평막대 양쪽에 걸린 추의 무게와 추 사이의

거리를 조절하면 탈진륜의 속도를 조절할 수 있어.

탈진륜굴대에 직, 간접으로 톱니와 바늘을 설치!

시계 완성!

그리고 사람들은 지구가 한 바퀴 도는(자전) 시간의 1/24을 한 시간으로 정했어.

그래서 교회의 탑이나 왕궁, 시청, 광장에 시계가 등장하였고 이 시계는 굉장한 구경거리였어.

저 신기한 물건이 시계래요!

집에 갈 시간이네!

이제 평균 태양시의 사용으로 어디서나 한 시간의 길이는 똑같은 의미를 갖게 된 거야!

1시! 1시!

바야흐로 태양의 시간이 시계 속의 시간으로 탈바꿈한 거지!

1656년엔 하위헌스가 흔들이시계를 발명해 시계는 정밀도가 대단히 높아졌어.

하위헌스: 네덜란드의 물리학자 겸 천문학자.

시계는 점차 작아져 실내의 거실이나 책상 등에 놓이게 됐어.

또한 귀한 시계는 지위와 부의 상징이 되고 사고파는 물건이 됐지.

내 집!

자랑하나?

이래서 시계산업은 더욱 발달하게 됐고 더불어 품질향상과 혁신이 이루어졌어.

더 정밀한 시계를!

1790년 팔찌에 시계를 얹은 손목시계가 처음 나온 이후 1900년 전후엔 세계적으로 유행하게 되었는데

이로써 본격적인 개인 시간의 시대가 열린 거야!

나도 있어!

몇 시?

1940년엔 1년에 오차가 0.0001초 이내인 수정식 시계가 실용화되어 일대 혁신을 가져왔고

원자시계는 오차가 300만 년에 1초일 만큼 정밀해 현대 과학 발전에 크게 이바지했어.

1948년 원자시계가 제작되어

시계는 인류의 역사와 함께하면서 우리 의식의 일부가 되었어.

12시를 알려드립니다!

그런데 말숙씨는 어디로 갔지?

시계 회사에 다니다 보니 시계 이야기만 나오면….

화가 나서 가 버렸네.

시계의 종류

휴대용 해시계

해시계 인간이 만든 가장 오래된 시계예요. 자연 속에서 얻어 낸 가장 간단하면서도 정확한 시간 측정 장치로, 태양광선을 받아 생긴 물체의 그림자를 통해 시간을 나타낸답니다.

물시계 알맞은 크기의 통 안쪽에 눈금을 새겨 넣고 밑바닥에 작은 구멍을 뚫은 다음 물을 채워 놓으면 일정한 속도로 물이 흘러나옵니다. 이렇게 흘러나온 물의 양을 통해 시간을 측정하는 것이지요. 해가 지거나 날씨가 흐릴 때에는 해시계로 시간을 알 수가 없기 때문에 물시계를 만들게 되었다고 합니다.

모래시계 작은 구멍으로 모래가 흘러내리도록 만든 시계로, 물시계와 같은 원리로 작동합니다. 가운데가 잘록한 호리병 모양으로 만들어서, 위쪽에 마른 모래를 넣어 두면 중력에 따라 모래가 서서히 아래로 떨어집니다. 모래의 부피로 시간을 재는 거예요. 따라서 시각을 알기보다는, 어떤 일을 하는 데 시간이 얼마나 걸렸는지 측정하기에 편리합니다. 지금도 쓰이고 있지요.

기계시계 기계시계를 움직이는 동력(전기 또는 자연에 있는 에너지를 기계적인 에너지로 바꾸는 것)은 태엽이나 추입니다. 쉽게 말해 사람이 벽시계의 태엽을 감거나 추를 움직일 때 생겨난 에너지가 시계를 움직이는 거예요.

전기시계 전기적 작용으로 움직이는 시계를 전기시계라고 합니다. 음차로 움직이는 음차시계, 수정의 진동으로 움직이는 수정시계, 암모니아 가스를 이용한 원자시계 등이 모두 전기 시계에 속합니다.

원자시계

원자시계 원자나 분자의 고유 진동수가 변하지 않는다는 데에서 실마리를 얻어 만든 특수 시계입니다. 중력이나 지구의 자전, 온도의 영향을 받지 않으며, 여러 시계 가운데 가장 정밀하다고 할 수 있습니다.

이런 시계도 있어요!

꽃시계 식물학자 C. 린네가 스웨덴의 웁살라에 만든 것이 유명합니다. 린네는 꽃시계용으로 꽃 일람표를 46종이나 만들었다고 해요. 원래는 둥그렇게 만든 꽃밭을 12부분으로 나누어 꽃이 피는 시기가 서로 다른 화초를 시곗바늘처럼 오른쪽 방향으로 순서대로 심었는데, 최근에는 공원이나 광장 등에 장식용으로 주로 만든답니다. 시계 문자판에 해당하는 부분을 꽃밭으로 꾸미고, 그 밑에 방수가 완벽하게 되는 커다란 시계를 넣어 시각을 정확하게 알 수 있도록 만듭니다. 꽃시계에 많이 심는 화초는 팬지나 데이지, 베고니아, 샐비어, 매리골드, 모란채 등이에요. 우리나라에는 서울의 어린이대공원과 부산 등에 꽃시계가 설치되어 있습니다.

탑시계 영국 이튼 대학교 정문에 있는 탑시계는 검은색 바탕에 금빛으로 새겨진 문자판과 바늘이 웅장한 느낌을 줍니다. 시간은 로마 숫자로, 분은 아라비아 숫자로 디자인해서 더욱 독특하지요. 또한 영국 국회의사당에 있는 탑에 달린 '빅벤'이라고 하는 대형 탑시계도 유명하답니다. 지름이 274cm, 무게가 13.5톤 정도 되며, 아주 정확하다고 해요. 빅벤이라는 이름은 당시 공사를 맡았던 벤저민 홀의 공적을 기리려고 붙인 종의 이름이었으나, 지금은 시계를 가리키는 말이 되었답니다. 1859년 E. 베켓이 설계해 4만 파운드를 들여 만들었지요.

빅벤

우리 조상들이 사용했던 시계

일성정시의 조선시대에 낮(태양시)과 밤(항성시)의 시간을 재는 데 썼던 기기랍니다. 해시계와 별시계 기능을 갖추어 낮과 밤의 시간을 모두 측정할 수 있었으며, 아주 정교함에 입이 딱 벌어질 정도랍니다. 경기도 여주군 능서면 세종대왕릉에 가면 볼 수 있어요.

앙부일구 조선시대 후기에 만든 해시계로, 24절기에 따라 달라지는 시간을 잴 수 있답니다. 세종대왕 19년(1437년) 장영실과 정초가 만들었지요. 앙부일구란 '하늘을 바라보고 있는 솥과 해의 그림자'라는 뜻입니다. 하늘을 향해 있는 솥에 나타난 해 그림자를 보고 시간을 측정한다고 해서 붙여진 이름이지요. 앙부일구는 시간을 나타내는 시반(접시 부분으로, 절기를 나타내는 가로 선과 시각을 나타내는 세로 선이 그려져 있어요), 영침(그림자 바늘로, 바늘 끝이 북극을 가리키고 있어요), 받침대로 이루어져 있습니다.

보루각 자격루 세종대왕 16년(1434년) 장영실이 정해진 시간에 종과 징, 북이 저절로 울리도록 만든 자동 물시계를 중종 31년(1536년)에 고쳐 만든 물시계입니다. 세계적으로 몇 개 남지 않은 가장 훌륭한 물시계로 꼽히지요. 맨 위에 있는 큰 물그릇에 물을 넉넉히 부어 주면 그 물이 아래의 작은 그릇을 거쳐, 맨 아래쪽에 있는 물받이 통으로 흘러듭니다. 물받이 통에 물이 고이면 그 위에 떠 있던 잣대가 점점 올라가 미리 정해진 눈금에 닿으면서 지렛대를 건드려 쇠구슬을 구멍 속에 굴려 넣습니다. 이 쇠구슬은 다른 쇠구슬을 굴려 주고, 그것들이 차례로 여러 장치에 닿아 종과 징, 북을 울리기도 하고, 나무로 만든 인형이 나타나 시각을 알려주는 팻말을 들어 보이기도 하는 거예요. 지금은 자격루의 물통 부분이 남아 있으며, 작은 물그릇이 놓였던 돌 받침대 두 개도 창경궁에 남아 있어요.

83

좀 더 알아볼까요?

참일까요?

Q. 잠수함이 가라앉거나 뜨는 원리는 물 밑으로 내려갈 때는 잠수함에 물을 넣어 주고, 물 위로 떠오를 때는 잠수함에 있던 물을 밖으로 빼내는 것이다?

A. 참입니다. 잠수함에 있는 주부력 탱크에 바닷물을 채우면 잠수함이 물 밑으로 가라앉습니다. 물을 많이 채울수록 점점 아래로 내려갑니다. 물 위로 다시 올라가려면 압축 공기를 넣어서 주부력 탱크에 있던 바닷물을 빼내면 됩니다.

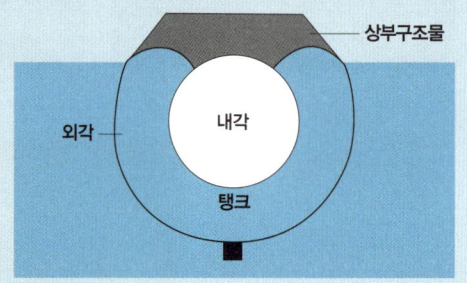

Q. 잠수함을 최초로 탄 사람은 아리스토텔레스였다?

A. 거짓입니다. 고대 전쟁에 나온 잠수함 기록은 기원전 320년경 알렉산더 대왕의 스승이었던 아리스토텔레스가 "코끼리가 물에 빠졌을 때 코를 물 밖에 내어 숨을 쉬듯 물 밖 공기를 빨아들일 수 있는 기구가 있어야 한다."고 한 것입니다. 그는 물 속에서 오래 머무를 수 있는 수중 호흡 기구 필요성을 강조했으며, 이는 오늘날 잠수함 스노클의 원리가 되었다고 할 수 있습니다.

알렉산더 대왕은 유리를 단 나무 상자를 만들고 상자의 틈새로 물이 스며들지 않도록 송진과 왁스를 바른 다음 무거운 추를 매달고 바다 밑으로 내려갔습니다. 그리고 "바다 속은 신비의 세계이며 오묘한 경치와 진귀한 생물들로 가득 차 있노라." 하는 기행문을 남겼답니다.

한편 본격적인 현대 잠수함이 전쟁에 이용되기 시작한 것은 1776~1783년에 벌어진 영미 전쟁 때입니다. 미국에서 만든 소형 잠수함이 영국 함선에 어뢰를 투하하려던 것이지요. 그러나 어뢰를 발사하는 게 아니라 떼어 내 투하하는 공격 방식은 실패로 끝났습니다.

거짓일까요?

거북선도 잠수함이었다?

거짓입니다. 조선시대 기록에 따르면, 거북선의 등판에 칼이나 송곳 등을 꽂았다고만 되어 있지, 철갑을 입혔다는 기록은 전혀 없답니다. 오히려 철갑을 입힌 조선의 군함에 대한 기록은 일본의 문헌에서나 찾아볼 수 있습니다. 이것과 함께 거북 등판에 철갑을 입히면 거북선이 지나치게 무거워지고 뒤집히기 쉽다는 점을 들어, 거북선에는 아예 철갑이 존재하지 않았다고 주장하는 사람들도 있습니다. 하지만 적의 공격으로부터 거북 등판을 보호하면서 동시에 등판에 송곳 등을 단단히 고정시키려면, 물고기 비늘처럼 얇은 철판들을 이어 붙여 등판을 덮지 않았을까 추측해 볼 수는 있지요. 따라서 거북선은 '철갑선' 이라기보다는 '장갑선' 으로 보는 것이 옳다는 의견이 많습니다.

거북선이 세계 최초의 철갑선이라는 고정관념은 종종 맹목적이고 비과학적인 판단으로까지 이어지기도 합니다. 그 대표적인 것이 바로 '거북선의 잠수함 설' 입니다. 제2차 세계대전 당시 잠수함이 커다란 공을 세우면서, 거북선이 세계 최초의 철갑선이었을 뿐만 아니라 잠수함' 이었다는 엉뚱한 주장이 해방을 전후해 일반인들에게 널리 받아들여졌습니다. 지금 생각하면 터무니없는 주장이지만, 당시만 해도 거북선이 마치 잠수함 같은 방식으로 해전에서 활약하는 모습을 묘사한 책들도 있었답니다.

잠수함을 오래 타면 잠수부병에 걸린다?

참이기도 하고 거짓이기도 합니다. '감압병', '잠함병' 이라고도 하는 케이슨병은 압력이 높은 환경에서 보통 기압(공기의 압력)으로 되돌아올 때 일어나는 여러 가지 장애를 가리킵니다. 그러므로 잠수함을 타는 사람들뿐 아니라 기압의 변화가 심한 곳에서 일하는 사람들에게 일어날 수 있는 병입니다.

증상은 근육통, 팔다리의 관절통, 피부 가려움, 발진, 구토, 호흡 곤란 등이며, 때로는 척수성 마비나 시력 장애 등이 생기기도 합니다. 이러한 현상은 수심이 깊을수록, 그 장소에서 머무르는 시간이 길수록, 압력이 바뀌는 시간이 짧을수록 강하게 나타난답니다.

세상을 바꾼
100가지 공학기술

14 백신

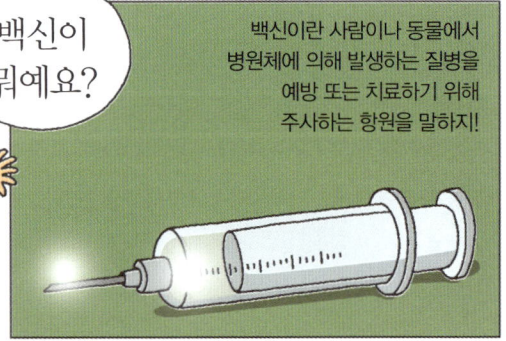

천연두: 천연두 바이러스에 의해 일어나는 악성 전염병으로 예전에는 많은 사망자를 냈으며 낫더라도 얼굴에 얽은 자국이 남는다.

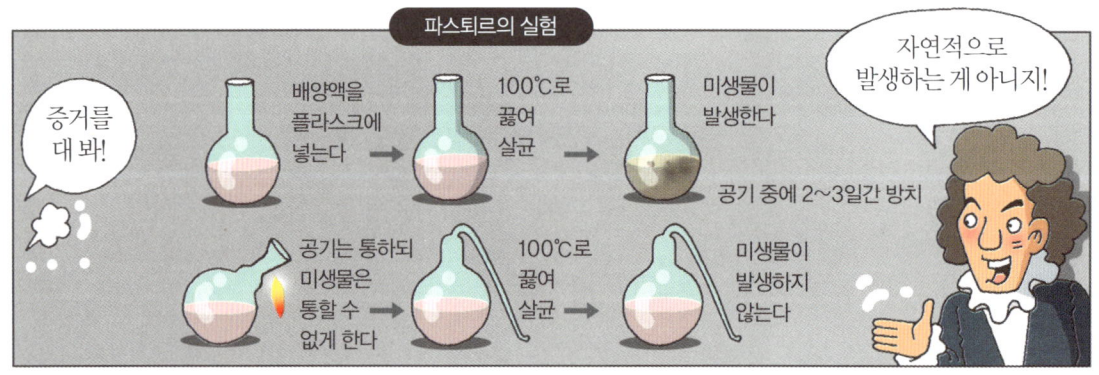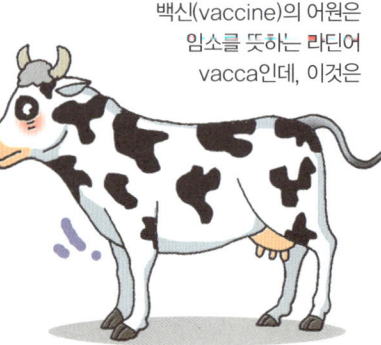

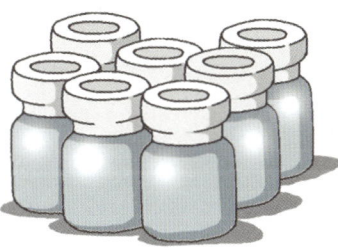

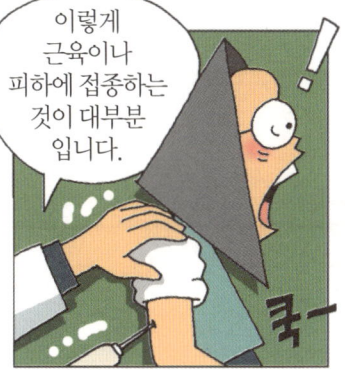

세상을 바꾼
100가지 공학기술

좀 더 알아볼까요?

○월 ○일 오리의 일기

제목: 나쁜 감기, 무서운 주사

감기에 걸렸다. 병원에 들어서는 순간 콜록콜록 기침도 뚝, 지끈지끈 멍하던 두통도 싹 사라졌다. 감기의 고통보다 무시무시한 게 있어서다. 그건 바로 눈물 쏙 빠지게 아픈 주사…. 얼마 전 예방접종의 기억이 떠올랐다. 엄마한테 다 나았으니 집에 가자고 졸라 보았지만 엄마는 들은 체 만 체 하셨다(아, 매정한 엄마!). 마침내 내 차례가 되었다. 의사 샘이 입 안을 들여다보시고 가슴에 청진기를 대 보시더니 간호사 누나를 따라가라고 하셨다. 흑! 진정한 고통의 순간이 닥친 것이었다. 머리 얼굴을 떠올리며 애써 용감해지기로 했다. 그런데 도대체 주사는 왜? 왜? 왜? 엉덩이에 놓는 걸까? 아픈 것도 아픈 것이지만, 간호사 누나 앞에서 엉덩이를 내놓는다는 게 왠지 창피했다. 철썩! 꾹~! 아흑, 역시 아팠다. 주사 공포증에 대한 면역 주사는 없나 보다.

집으로 돌아와서 주사에 대해 알아보았다. 호랑이 굴에 들어가도 정신만 차리면 산다고 했던가? 지피지기면 백전백승이라고 했던가? 아무튼 주사에 대한 두려움을 없애야 했다.

주사를 엉덩이에 놓는 이유

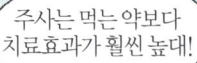

주사는 먹는 약보다 치료효과가 훨씬 높대!
왜?

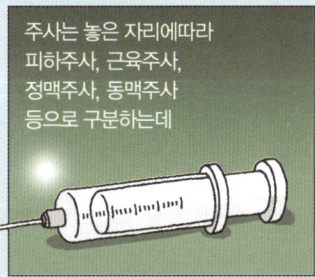
주사는 놓은 자리에 따라 피하주사, 근육주사, 정맥주사, 동맥주사 등으로 구분하는데

팔과 엉덩이에 놓는 것을 근육주사라고 해!
…

근육에는 혈관이 많아 약을 빨리 흡수해서 몸 구석구석까지 보내 주거든

팔보다 엉덩이에 주로 주사를 놓는 이유도 엉덩이에 근육이 더 많아서래!

그래서 약도 빨리 흡수되고 덜 아프구나!
아~

신개념 백신 개발

백신은 면역 반응을 이용해 병원체에 대한 저항력을 강하게 만들어 줌으로써 전염성 질환을 퇴치하는 치료 방법이에요. 그런데 최근 백신이 병원체에만 효과가 있는 것이 아니라는 새로운 사실을 발견했어요. 이에 따라 당뇨병, 암, 후천성면역결핍증(AIDS; 에이즈), 알츠하이머 때문에 발생하는 치매 같은 질환의 증상을 완화하고 더 나아가 치료를 하는 데 백신을 이용하려는 연구와 노력이 활발하게 진행되고 있답니다.

치매처럼 발병 원인조차 정확하게 밝혀지지 않은 질환이나 결국 죽음에 이를 수밖에 없었던 에이즈도 치료할 수 있다는 희망은 의학계는 물론이고 그 질환을 앓고 있는 환자나 가족들에게 아주 놀랍고 가슴 벅찬 소식이 아닐 수 없겠지요.

에이즈 백신 연구는 사람 몸에 있는 유전자 중에서 인체면역결핍바이러스(HIV; 인체의 면역기능을 파괴하며 에이즈를 일으키는 바이러스)의 침입을 막는 데 결정적인 역할을 하는 유전자를 찾아내 그것을 백신으로 개발하는 거예요. DNA(유전자의 본체를 이루는 물질) 백신은 인간 유전자를 연구해 특정 질환에 걸릴 가능성을 예측하고, 특정 유전자에 특이하게 작용하는 백신을 투여함으로써 질환을 치료한다는 원리예요. 몇 년 전 우리나라에서도 결핵과 에이즈 치료를 위한 DNA 백신을 개발해 동물 실험을 마쳤다고 해요.

백신은 질병을 예방할 수 있는 가장 효과적인 방법입니다. 백신을 발명한 이후 몇몇 전염성 질환들은 지구상에서 완전히 사라지기도 했지요. 인류의 건강한 삶을 위한 신개념 백신 연구가 머지않아 거두게 될 결실을 관심 있게 지켜보세요.

컴퓨터 백신

컴퓨터 백신 프로그램은 감염된 바이러스 프로그램을 찾아내 그 기능을 정지시키거나 삭제하는 것이에요. 백신의 원래 의미처럼 면역력을 만들어 감염을 예방하는 것이 아니라 일종의 치료제 역할을 하는 프로그램이라고 할 수 있지요. 새로운 바이러스 프로그램을 발견하면 기존 백신에 이를 치료하는 기능을 추가해서 새로운 바이러스를 치료합니다. 이러한 방식으로 백신 프로그램을 만들기 때문에 바이러스 프로그램보다 먼저 개발될 수는 없답니다. 바이러스 프로그램에 아예 감염되지 않도록 면역성을 갖게 해 주는 프로그램도 소개되고 있지만, 아직까지 완벽하지는 않아요. 컴퓨터가 바이러스 프로그램에 피해를 입지 않도록 예방하는 가장 확실한 방법은 불법 복제를 하지 않고, 외부에서 가져오는 자료들을 컴퓨터 백신 프로그램으로 하나하나 점검하는 것이랍니다.

세상을 바꾼
100가지 공학기술

15 자동차

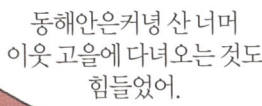

알쏭달쏭 지식 검색

자동차 앞 유리가 깨지면 운전자가 다치지 않을까요?

프랑스의 화가이자 화학자인 에두아르 베네딕투스는 어느 날 우연히 자동차 사고를 목격했어요. 앞 유리가 산산조각 나서 차 안에 있던 사람들이 크게 다쳤지요. 그 모습을 본 베네딕투스는 안전한 유리를 만들려고 15년이나 연구를 거듭했지만, 계속 실패만 했답니다.

베네딕투스는 그 날도 변함없이 실험에 열중하고 있었어요. 그런데 실험실 선반에서 병들이 우르르 떨어져 요란한 소리를 내며 산산조각이 났지요. 고양이가 돌아다니다 병을 건드렸던 거예요. 그런데 유독 하나만 원래 모양 그대로였답니다. 거미줄처럼 이리저리 금이 가기는 했지만, 모양은 그대로 유지하고 있었지요.

자동차 내부 구조도

병을 찬찬히 살펴보던 베네딕투스는 병 안에 들어 있던 '콜로디온'이라는 약품 때문이라는 사실을 알아냈지요. 약품이 증발하면서 병 내부에 필름처럼 얇은 막이 생겨났고, 이 막이 병이 떨어지는 충격을 완화시켜서 파편이 흩어지지 않았던 거예요.

여기에서 아이디어를 얻은 베네딕투스는 1904년, 유리 표면에 셀룰로이드 막을 입힌 '안전유리'를 개발했습니다. 가장 먼저 제품화한 것은 역시 인간의 생명과 직결되는 자동차 유리였지요. 마치 샌드위치처럼 두 장의 판유리 사이에 합성수지 필름을 넣었다고 생각하면 되는데, 이렇게 함으로써 연성이 높아져 충격을 받으면 깨지는 대신 부풀어오르게 됩니다. 그리고 유리가 깨지더라도 파편이 필름에 그대로 달라붙어 운전자가 유리 조각에 다치는 일은 거의 없지요. 하지만 안전유리가 소리까지 흡수할 수 있는 것은 아니에요. 고속도로를 달리다 벌레 한 마리만 부딪쳐도 돌멩이가 날아온 것처럼 깜짝 놀라게 되잖아요.

자동차 계기반

운전자는 자동차 계기반을 통해 자동차 시스템의 정보를 얻습니다. 계기반만 잘 관찰해도 자동차의 상태를 대략 알 수 있지요. 계기반 가운데 자동차의 회전 속도를 알려주는 회전 속도계는 일반적으로 엔진의 회전을 지나치게 올려 고장이 나는 것을 방지하는 역할을 합니다. 이 때문에 위험 회전 구역을 나타내는 빨간 부분(red zone)과 주의를 환기시키는 황색 부분(yellow zone)으로 구분되어 있지요. 그밖에 자동차의 주행 속도와 주행 거리, 시계를 함께 표시해 주는 운행 기록계, 주행 거리를 나타내는 적산 거리계(tripmeter) 등과 자동차의 상태를 나타내는 주유계, 수온계, 엔진 온도계, 각종 경고등(warning lamp) 따위도 붙어 있답니다.

우리나라 최초! 최고(古)!

1903년 고종 황제 즉위 40주년을 맞아 미국 공관을 통해 들여온 '포드 A형 리무진'이 우리나라 거리를 달린 최초의 자동차였답니다. 1914년에 이탈리아 공사관에 근무하던 윤권과 정흥섭이라는 사람이 공관 자동차로 운전을 배워 의친왕 이강공의 '오버랜드'를 몰게 됨으로써 우리나라 최초의 운전 기사가 탄생했다고 하니, 고종 황제의 차를 운전한 사람은 외국인이었을 가능성이 크겠지요.

1955년 최무성이라는 사람은 드럼통과 미군에게 얻은 지프 엔진과 변속기, 차축 등을 조립해 승용차 '시발'을 내놓았답니다. 50퍼센트 이상이 국산화된 자동차였기 때문에 긍지가 대단했으나, 한 대 만드는 데 넉 달이나 걸렸다고 해요. 그 후 1962년 '새 나라자동차'가 나왔습니다.

1975년 12월 현대자동차에서 설계와 생산 전 과정을 국내 기술만으로 이루어 낸 첫 고유 모델 '포니'를 개발했는데, 1984년에 이르러 국내에서 생산된 단일 차종으로는 최초로 50만 대 생산 돌파 기록을 세웠답니다.

포드 A형 리무진

시발

포니

Q 달리는 자동차의 문, 열 수 있을까요?

A 시속 70km 정도로 달리는 자동차의 문은 공기 저항 때문에 20~30cm밖에 열 수가 없습니다. 힘센 어른이 온 힘을 써도 자동차가 빠른 속도로 계속 달리고 있다면 조금 열리다 도로 닫히게 된답니다. 그러니까 달리는 자동차에서 문을 열고 뛰어내릴 수는 없겠지요?

달리던 자동차가 멈추었어요. 환기를 하려고 문을 반 정도 열어 두었는데, 저절로 문이 닫힙니다. 이것은 자동차 문을 몸체와 0.5~1도 정도 기울여 달기 때문에 일어나는 현상이에요. 모두가 안전을 위한 공학적 설계인 셈이지요.

Q 자동차 엔진은 말과 어떤 관련이 있나요?

A 자동차를 움직이게 하는 엔진의 힘을 '마력'이라고 부르는데, 이는 실제로 말과 관련이 있답니다. 100여 년 전, 스코틀랜드의 과학자 제임스 와트는 말 한 마리가 석탄을 들어올리는 일의 양을 기준으로 마력이라는 일의 측정 단위를 만들어 냈어요. 1마력은 말이 1초 동안 75kg의 물체를 1m 들어올리는 일의 양을 뜻하는 거예요.

세상을 바꾼
100가지 공학기술

16 콘크리트

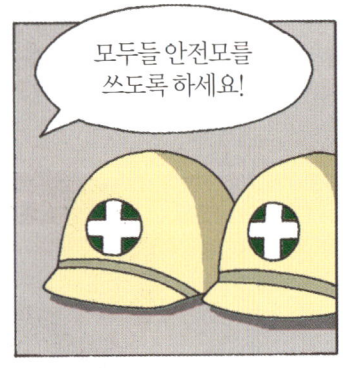

102

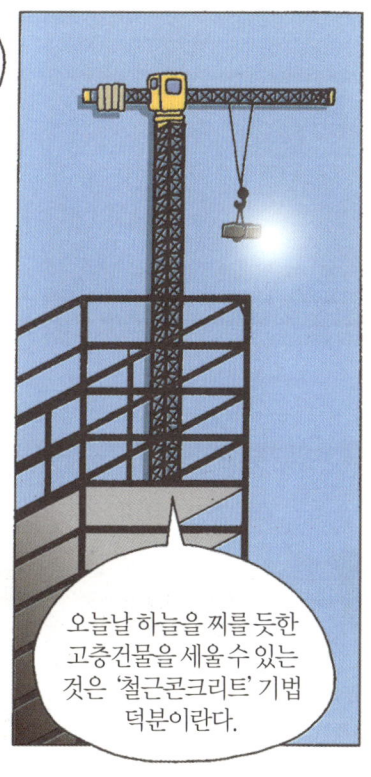

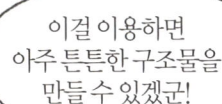

콘크리트와 철근, 건축에 날개를 달다

사람들은 고대부터 신전이나 기념물, 은신처 같은 건물을 지었습니다. 흙과 나무, 돌은 그때부터 꾸준히 쓰이고 있는 건축 재료랍니다. 그러다 축축한 진흙을 햇볕에 말리면 단단해진다는 사실을 알게 된 뒤에는 진흙 벽돌을 만들어 돌과 함께 건축 재료로 사용했습니다.

콘크리트의 역사는 1850년대에 '포틀랜드 시멘트'가 개발되면서 시작되었지요. 시멘트에 모래와 자갈을 섞고 물을 더하면 단단한 콘크리트가 됩니다. 한편, 1850년대부터 강철을 만드는 다양한 공법이 개발되면서 강철을 건축물에도 활용할 수 있게 되었어요. 이러한 두 가지 기술이 철근 콘크리트를 통해 결합되었답니다.

다시 말해, 철근으로 먼저 틀을 세운 다음 그 주위에 콘크리트를 부어 철근이 콘크리트의 힘을 더욱 강하게 만들어 주는 거예요. 이를 통해 오늘날 대도시에서 거대한 건축물을 흔히 볼 수 있게 되었지요. 또한 땅을 파거나 바위를 부수는 거대한 기계 장비의 발전에 힘입어 도로나 댐, 다리 같은 대규모 건설 공사에도 콘크리트를 사용하게 되었답니다.

건축의 역사에 새로운 시대를 개척한 콘크리트와 철근은 환상의 궁합입니다. 단단하지만 늘어나거나 구부러지지 않고 잘 부서지는 콘크리트의 성질과 구부러지고 늘어나지만 압력에 쉽게 휘는 철근의 성질이 장단점을 서로 보완해 주지요. 게다가 열에 늘어나고 줄어드는 정도도 같아서 무더운 여름이나 기온이 뚝 떨어지는 한겨울에도 안전하게 건물을 지탱할 수 있답니다. 만약 콘크리트와 철근이 서로 따로 놀게 되면, 그 구조물은 무너지고 말겠지요.

포틀랜드 시멘트: 석회질 원료와 점토질 원료를 알맞은 비율로 혼합해 아주 잘게 분쇄한 시멘트.

레미콘에 천을 씌우는 이유

콘크리트의 수분과 강도를 가장 알맞은 상태로 유지해 주는 것이 바로 레미콘입니다. 레미콘 차량 뒤쪽에는 콘크리트를 담는 통이 있는데, 이 통을 빙빙 돌려서 콘크리트가 굳지 않게 계속 섞어 주지요. 그런데 그 통은 금속으로 되어 있어서 여름이나 겨울에 외부 기온이 빠르게 전달된답니다. 아주 더운 한여름에는 레미콘 자체의 온도가 높아지는데다 만약 교통체증이나 대기 시간 등이 길어지면 수분이 증발할 수도 있고, 아주 추운 한겨울에는 레미콘 안에 있는 콘크리트가 얼어 버릴 수도 있지요. 따라서 두꺼운 천으로 외부 온도를 차단해 주는 것이랍니다.

뚫을 테면 뚫어 봐! – 무인자동화금고

안전 제일! 금고는 무엇보다 안전해야겠지요? 특수강 철판 사이에 기존 콘크리트보다 1,000배 이상 강한 특수 배합 콘크리트를 집어넣은 금고가 있습니다. 이러한 콘크리트 금고는 온갖 최신 장비로 무장한 금고털이가 침입한다 해도 한 시간 이상 버틸 수 있답니다. 그러는 동안 경보 장치가 작동해 경찰들이 출동할 테니, 사실상 금고털이는 실패로 돌아가겠지요. 또한 불이 나도 불길이 금고 내부까지 번지기 어려워 화재 같은 재해에도 안전하게 재산을 지킬 수 있답니다.

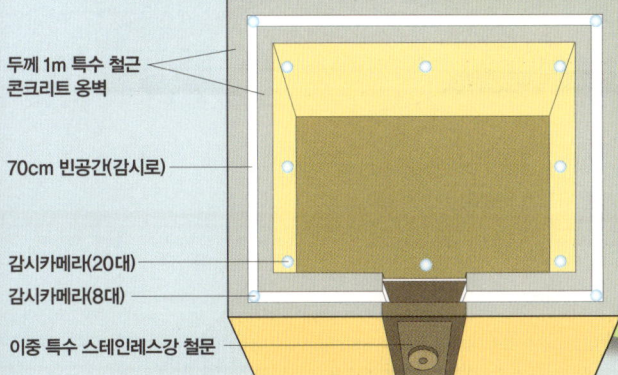

- 두께 1m 특수 철근 콘크리트 옹벽
- 70cm 빈공간(감시로)
- 감시카메라(20대)
- 감시카메라(8대)
- 이중 특수 스테인레스강 철문

세상을 바꾼
100가지 공학기술 **17**

현수교

이 다리가 육지와 인천국제공항이 있는 영종도를 잇는 영종대교란다.

사진제공 신공항하이웨이(주)

정말 멋지다~!

그런데 왜 다리에 줄이 많이 매달려 있어요?

이런 다리를 현수교라고 하는데

다리 자체 무게와 그 위를 지나다니는 교통량의 무게를 주케이블에 매달아 분산시키고 이 케이블을 다시 교탑이 지지하도록 설계한 다리를 말하지.

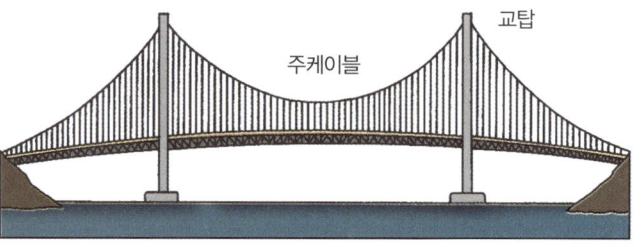

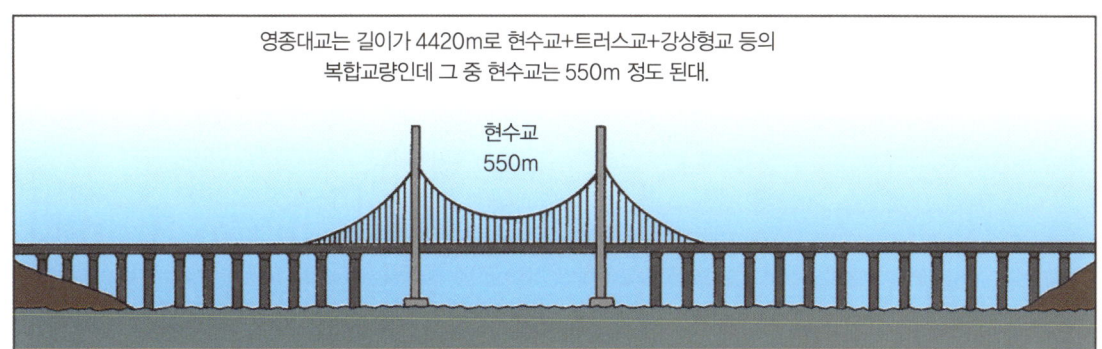

영종대교는 길이가 4420m로 현수교+트러스교+강상형교 등의 복합교량인데 그 중 현수교는 550m 정도 된대.

현수교 550m

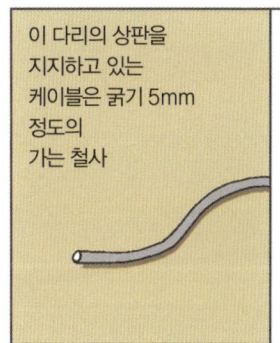

이 다리의 상판을 지지하고 있는 케이블은 굵기 5mm 정도의 가는 철사

6,720가닥을 꼬아 만든 거래.

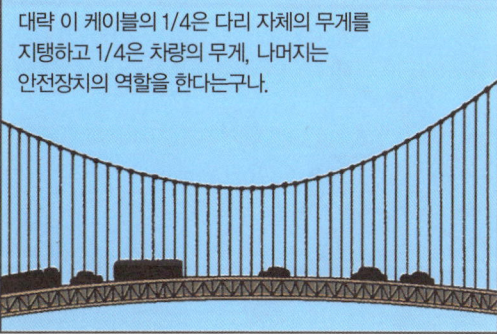

대략 이 케이블의 1/4은 다리 자체의 무게를 지탱하고 1/4은 차량의 무게, 나머지는 안전장치의 역할을 한다는구나.

넌 이런 다리가 현대 공학기술의 산물이라고 생각하지?

그럼, 예전부터 있었나요?

오래 전부터 산악지역에서 덩굴을 나무에 매달아 계곡을 건넜는데 이게 현수교의 기원이지.

무너질까 겁나…

이렇게 현수교의 역사는 매우 깊지만 오늘날과 같은 모습을 갖추게 된 것은 산업혁명 이후란다.

물자수송 수단으로 사용된 무거운 열차가 안전하게 지나갈 수 있도록 높은 강도를 가진 다리가 필요했지.

철강을 사용하면?

경간: 건물이나 교량 따위의 기둥과 기둥 사이의 거리.

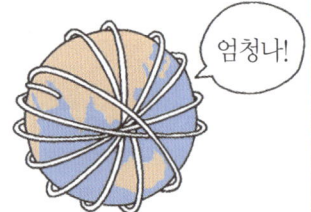

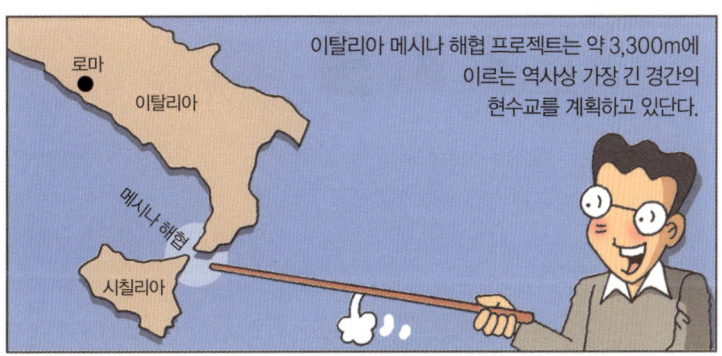

다리의 종류

사람들은 고대부터 다리를 만들어 깊은 계곡이나 강, 바다를 건넜답니다. 그 설계 방식에 따라 형교·아치교·현수교·사장교 등으로 나눌 수 있어요.

형교

청계천의 옛 다리인 '수표교'

역사가 가장 오래되고 형태가 가장 단순한 다리입니다. 단순 형교는 다리의 양쪽 끝을 지면에 닿게 해서 다리를 지탱하는 형태로, 초기에는 물 위로 통나무나 커다란 돌을 가로 지른 다음, 다리 무게를 양쪽 끝에서 받쳐 주도록 했답니다. 이것이 발전해 땅이나 강 바닥에 기둥을 여러 개 세우고, 그 위에 다리를 놓은 연속 형교가 탄생했습니다. 우리나라에서는 복원되기 전의 청계천 다리들이 형교였다고 해요.

아치교

방화대교

형교의 장점을 살려 만든 다리로, 매우 튼튼하답니다. 둑과 둑 사이를 이어 주는 아치를 설치하고 나서 그 위에 다리를 놓는 방식이지요. 아치교 아래로 배가 다닐 경우에는 다리 일부를 위로 들어올릴 수 있게 설계하기도 합니다. 다리가 열리는 형태에 따라 도개교(위로 열리는 다리)와 승개교(양 끝에 철탑을 세워서 전체를 들어올리도록 설계된 다리)로 나눌 수 있습니다.

현수교

골든게이트교

광안대교

현수교를 '출렁 다리'라고도 부르는데, 이는 바람이 세게 불거나 차가 많이 다니면 심하게 흔들리기 때문이랍니다. 미국 뉴욕 주에 있는 베라자노내로스교(1,298m)나 캘리포니아 주에 있는 골든게이트교(1,280m)도 세계적으로 유명한 현수교입니다. 우리나라에는 1973년에 완공된 남해대교가 있는데, 길이가 660m, 폭이 12m지요. 또한 영종대교(4,420m)와 광안대교(8,429m)도 대표적인 현수교랍니다.

사장교

다리 폭 가운데에 높은 기둥을 세우고, 그 기둥에서 강철 케이블을 대각선으로 비스듬히 내려서 다리를 붙잡아 매는 방식으로 만드는 다리입니다. 기둥이 다리 판의 무게를 지탱하는 것이지요. 우리나라의 행주대교, 올림픽대교, 서해대교가 사장교에 속합니다.

올림픽대교

타코마 협교, 무너지다

1940년, 미국 워싱턴 주 타코마 시에 타코마 협교가 완공되었습니다. 길이가 853m에 이르는 이 다리는 무게가 가볍고 모양이 우아한 현수교였지요. 그런데 바람이 불면 어찌나 심하게 흔들리는지, 다리를 건너고 나면 멀미를 할 지경이었답니다. 그래서 '질주하는 다리'라는 별명까지 얻게 되었지요.

11월 7일, 지은 지 넉 달밖에 안 된 타코마 협교의 흔들림이 아침부터 심상치 않았어요. 원래 타코마 협교는 바닷가 해협이라는 지리적 특성 때문에 시속 190km의 초강풍에도 견딜 수 있도록 설계되었지만, 이날 풍속은 시속 70km도 채 되지 않았답니다. 오전 9시 30분쯤 다리가 위아래로 심하게 흔들리더니 급기야 다리가 산과 골의 모양으로 요동치기 시작했습니다. 그 폭이 1m나 되었지요. 산은 골로, 골은 산으로, 1분에 서른여섯 번씩 위아래로 미친 듯이 진동했어요. 그렇게 30분쯤 흐르고 나자 이제는 가운데를 중심으로 꽈배기처럼 좌우로 비틀리다가 결국 다리 가운데 부분부터 부서지기 시작해 불과 몇 분 만에 완전히 무너져 내리고 말았답니다.

초강풍에도 견디도록 설계된 다리가 왜 이처럼 어이없게 무너졌을까요?

이 다리는 현수교 중에서도 특히 폭이 좁은데다 길이는 매우 길었습니다. 또한 비행기 날개의 단면처럼 생긴 다리의 독특한 모양 때문에 다리 옆에서 바람이 불면 다리가 공중으로 떠오르면서 위아래로 진동했던 것이지요. 바람이 만들어 낸 진동은 금세 다리 자체가 지니고 있는 고유한 진동과 맞아떨어졌고, 그것이 다리를 더욱 크게 진동하게 만들었지요. 결국 타코마 협교는 바람의 세기가 아니라 바람이 만들어 낸 진동이 다리의 진동수와 같아졌기 때문에 파괴된 것이라고 할 수 있습니다.

프랑스 앙제의 멘 강에 세운 초기 현수교도 타코마 협교와 비슷한 원인으로 무너졌답니다. 1850년 4월 16일 비가 세차게 쏟아지던 날, 보병 대대 500명이 행진을 하며 다리를 건너고 있었어요. 그런데 갑자기 다리가 무너져 내려 병사 200여 명이 한꺼번에 목숨을 잃었지요. 현수교 위에서 병사들이 발을 맞추어 행진할 때 현수교에 상하 진동이 일어났고, 이것이 다리 고유의 진동과 충돌하면서 다리가 무너졌던 거예요. 이후 군인들은 다리를 건널 때 발을 맞추어 행진하지 않는다고 합니다.

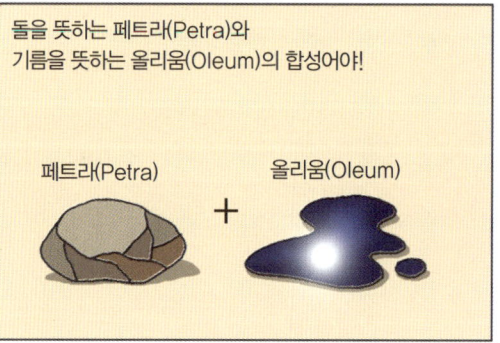

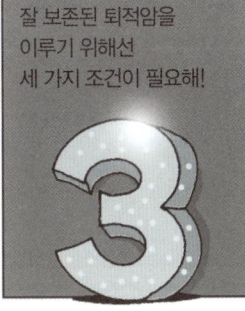

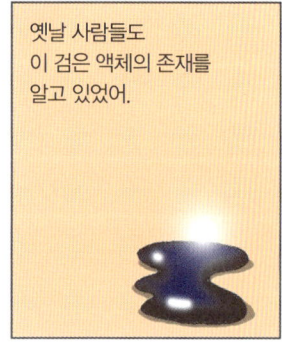

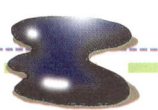

좀 더 알아볼까요?

분별 증류로 원유 정제하기

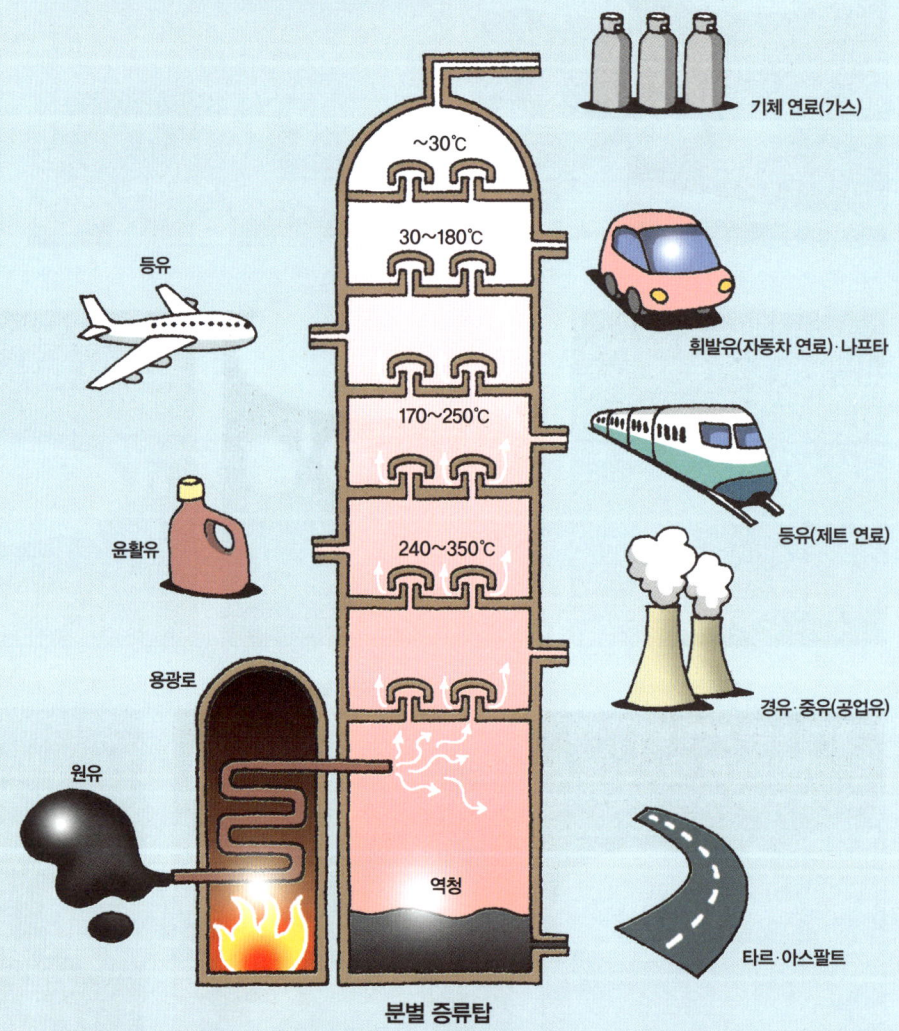

분별 증류탑

유전에서 뽑아 올린 검은색 원유를 커다란 탱크에 넣고 끓이면 원유에 들어 있는 여러 물질들이 증기가 되어 '분별 증류탑' 위로 솟아오릅니다. 이 증기들은 분별 증류탑 각 층의 온도에 따라 모여서 액체가 됩니다. 이러한 과정을 거쳐 원유가 휘발유, 등유, 경유 등으로 나누어지지요. 분별 증류탑의 맨 꼭대기에서는 기체 연료로 쓰이는 가스가 나오고, 맨 아래에는 가장 진하고 무거운 역청이 찌꺼기처럼 가라앉습니다.

분별 증류: 끓는점의 차이로 액체 혼합물에 섞여 있는 여러 가지 물질들을 분리해 내는 것

환경을 오염시키는 천연자원

석탄, 석유, 천연가스를 '화석 연료'라고 합니다. 화석 연료가 없다면 사람들은 에너지를 만들어 낼 수가 없습니다. 특히 석유는 현대를 살아가는 사람들에게 없어서는 안 될 중요한 물질입니다. 발전소를 돌리고 자동차나 배, 비행기 같은 교통수단을 움직이는 연료로 쓰일 뿐 아니라 플라스틱 같은 화학 물질을 만드는 원료로도 쓰이니까요.

하지만 인구는 계속 늘어나고 있고, 이러한 추세라면 몇십 년 뒤에는 석유 같은 천연자원은 바닥이 나고 말 것입니다. 게다가 산업이 발달하고 교통량이 증가함에 따라 환경오염도 심각해지고 있답니다. 한 가지 예로 자동차 휘발유에는 납이 들어 있는데, 자동차가 많이 다니게 되면 도로 위에 납이 그대로 쌓이게 되지요. 그러다 비가 오면 빗물에 씻겨 내린 납이 땅과 강, 풀이나 나무로 옮겨 갑니다. 자동차는 또 배기가스를 뿜어내 공기를 더럽히기도 하지요. 이처럼 인간에게 편리함을 가져다주는 천연자원이 이제는 환경을 오염시키는 주된 원인이 되고 있답니다.

대체 에너지 이모저모

사정이 이렇다 보니 물이나 바람, 태양의 빛과 열 등을 에너지로 바꾸는 문제에 대한 관심이 커지고 있습니다. 이러한 에너지를 '대체 에너지'라고 하는데, 처음에는 단순히 석유나 석탄 등 화석 연료를 대체할 수 있는 에너지를 뜻했습니다. 하지만 최근 들어 화석 연료를 대체하는 데 그치지 않고 환경오염을 일으키지 않는 청정에너지를 개발하고 있습니다. 청정에너지란 다시 말해 환경오염을 거의 일으키지 않고, 고갈되지 않는 순환 자원의 성격을 띠고 있는 자연 친화적인 에너지를 말합니다.

태양열을 이용한 가로등, 태양광·태양열을 이용한 태양에너지, 바람을 이용한 풍력에너지, 작은 하천을 이용한 소수력발전, 그 밖에 해양에너지, 수소에너지, 바이오메스가 있습니다. '바이오메스'란 동식물의 몸을 구성하는 유기물을 사람들이 무기물(광물에서 얻는 화합물)의 형태로 바꾸어서 그 에너지를 이용하는 것을 말합니다. 쉽게 말해 축산물, 농산물, 각종 쓰레기 같은 원료를 알코올, 메탄 가스, 수소 가스, 전기로 바꾸어 사용하는 것이지요. 예를 들어 옥수수를 발효시키면 알코올이 나오고 각종 식물을 발효시키면 메탄 가스가 나오는데, 이러한 에너지를 이용하는 것입니다.

태양광 보안등

풍력에너지

바이오에너지

메탄얼음

19 다이너마이트

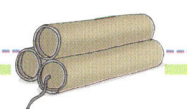

규조토: 민물·바닷물에 분포하는 플랑크톤인 규조가 쌓여서 이루어진 흙.

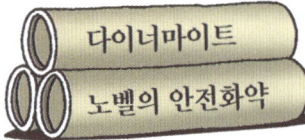

이렇게 다이너마이트는 광부들을 가장 힘든 고역으로부터 해방시켜 주었고
힘 안 들이고 캘 수 있어!

거대한 운하와 터널 건설을 가능하게 하여 산업 발달에 많은 기여를 했어.

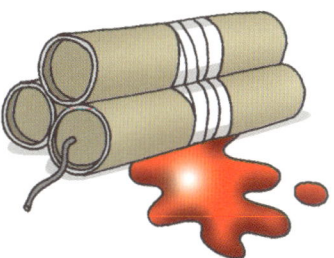
반면 다이너마이트는 많은 사람에게 파괴와 죽음을 안겨 줬지!

각 나라의 군대들은 전쟁에 이 강력한 무기를 대량 사용하기 시작한 거야!
쾅!
다이너마이트 폭탄이다!

콰앙-
건물들과 다리도 폭파시켜 버려!

이처럼 다이너마이트는 기술의 진보가 베푸는 양면적인 축복을 절실하게 보여 주는 발명품이란다.

다이너마이트로 엄청난 돈을 벌어 '죽음의 상인'이라고 불린 노벨은

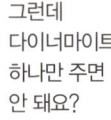
자신의 재산을 기금으로 노벨상을 만들어 해마다 인류의 발전에 공헌한 이들에게 수여하고 있어.

그런데 다이너마이트 하나만 주면 안 돼요?

얘가, 이게 장난감인 줄 알아?
뭐?

막힌 마음의 벽을 뻥 뚫고 싶거든요!

좀 더 알아볼까요?

어떻게

Q: 다이너마이트의 발명, 인류에게 도움이 되었을까?

A: 다이너마이트의 발명은 불완전한 폭약으로 많은 사고에 시달리던 광산이나 알프스산맥 터널, 파나마 운하, 수에즈 운하를 건설하는 대규모 공사장에는 반가운 소식이었습니다. 이에 따라 광물 자원의 채굴이나 토목 공사 분야에서 혁명적 발전이 이루어졌으며, 노벨과 그의 회사는 엄청난 명성과 부를 거머쥐게 되었답니다.

내 생각은…

....
....
....
....
....

Q: 공업용 폭약일까? 전쟁용 무기일까?

A: 다이너마이트가 발명되었을 무렵, 유럽의 모든 나라들이 제국주의적 확장 정책을 펴면서 전쟁에 필요한 군사 시설이나 장비를 늘리려고 했습니다. 이때 사람들은 엄청난 폭발력을 지닌 다이너마이트에 관심을 갖기 시작했습니다. 그리고 다이너마이트의 시장은 엄청나게 커졌습니다.

내 생각은…

....
....
....
....
....

생각하니?

Q 노벨상을 만든 노벨, 평화주의자일까?

A 노벨은 "모든 것을 파괴할 수 있는 위협적인 무기를 만들면 전쟁을 하는 양쪽 모두 한 순간에 사라질 수 있다. 그러므로 섣불리 전쟁을 하려 하지 않을 것이며, 자연히 군대도 없어질 것"이라고 말했답니다. 그러나 노벨의 주장은 현실과는 전혀 달랐습니다. 오늘날, 핵무기를 보유하는 것만이 전쟁을 막을 수 있다는 일부 주장처럼 억지스러운 면도 있습니다.

내 생각은…

Q 노벨상을 만든 이유는 무엇일까?

A 노벨은 이탈리아의 산레모에서 죽음을 맞았습니다. 자기가 발명한 다이너마이트가 사람의 목숨을 앗아가는 데 쓰이는 것을 늘 안타깝게 생각했던 그는 죽기 전에 유언을 남겼습니다. 다이너마이트를 만들어서 번 돈을 모두 인류의 발전과 평화에 쓰라는 것이었습니다. 이에 따라 노벨의 어마어마한 재산을 기금으로 한 노벨상이 생겨났습니다. 노벨상은 물리학, 화학, 의학, 문학, 경제학, 평화 등 여섯 가지 분야로 나누어 해마다 그 분야에서 가장 뛰어났던 인물에게 수여됩니다.

내 생각은…

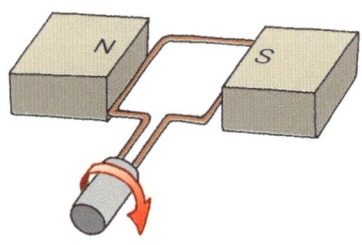

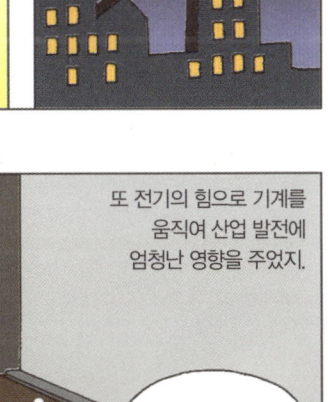

좀 더 알아볼까요?

전기가 뭔지, 어떻게 움직이는지 알고 싶어요.

텔레비전이든 컴퓨터든 전선이 달려 있지? 그 안으로 전기가 흐르지. 선을 싸고 있는 고무를 뜯어 보면 그 안에 구리라는 금속이 있는데, 그걸 타고 전기(전류)가 흐르는 거야. 구리는 구리 원자가 여러 개 모여서 이루어진 물질이란다. 구리 원자에는 원자핵과 전자가 들어 있는데, 원자핵은 움직이지 않지만 전자는 아주 쉽게 움직일 수 있지. 이들 원자핵과 전자는 전기를 띠고 있는데, 마이너스 전기를 띤 전자가 움직이면 전기가 흐르게 되는 거야.

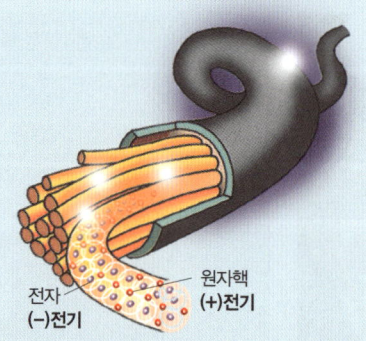

전자 (-)전기 원자핵 (+)전기

전자는 이 원자에서 저 원자로 튀어 다닙니다. 1초에 수십 억 개 전자들이 움직여서 전기(전류)가 흐르는 거예요. 전자들을 튀어 다니게 하는 힘은 발전기나 건전지에서 나옵니다.

건전지에도 전기가 들어 있나요?

톡 튀어나온 부분이 양극(+)이고 밋밋한 부분이 음극(-)이란다. 건전지 속에는 화학 물질들이 들어 있어. 산과 금속이 반응하면서 화학에너지가 전기에너지로 바뀌게 되고, 그때 전자들이 이동하면서 전기가 흐르는 거야.

토머스 에디슨

에디슨은 미국의 공학자이자 사업가, 발명가였답니다. 1879년 전구를 발명한 뒤 전기를 공급하는 방법에 대해서 연구했어요. 1920년대만 해도 대부분의 가정에 전기가 들어오지 않았고, 가스나 기름으로 어둠을 밝히거나 음식을 만들거나 방을 따뜻하게 만들었지요. 그 뒤 가정에 전기가 들어오면서 일손을 덜어 주는 도구들도 많이 생겨났습니다. 1950년대부터는 전기가 들어오지 않는 집을 찾아보기 어려워졌고, 냉장고나 세탁기 같은 가전제품들이 자리를 잡기 시작했답니다. 이 모든 게 에디슨의 노력 덕분이었지요.

1931년 10월 21일 밤 10시, 토머스 에디슨의 장례식이 열렸는데, 그 날 미국은 칠흑 같은 어둠 속에서 에디슨의 죽음을 안타까워했답니다. 전기를 발명한 에디슨에게 감사하는 뜻으로 전기를 모두 끄고 그를 애도했던 거예요.

발전소

Q 저기, 천장에 매달린 전등엔 전선이 없잖아요!

A 전등도 전선으로 연결되어 있어. 벽 안에 감춰 뒀을 뿐이란다.

Q 그렇지만 전선이 전기를 만들어 내는 건 아니잖아요?
그럼 전기는 어디서 오는 거죠?

A 전기는 발전소에서 만든단다. 물의 힘으로 발전기를 돌려서 전기를 만드는 수력발전, 바람의 힘으로 발전기를 돌리는 풍력발전, 석유를 태워서 나오는 수증기의 힘으로 발전기를 돌리는 화력발전…. 발전소에서 발전기를 돌려 전기를 만들고, 그것을 고압선이라고 하는 굵은 전선을 통해 필요한 곳으로 보내는 거야. 고압선은 위험해서 땅속에 파묻거나 고압선용 철탑을 따라 연결해 놓았지.

도중에 변전소를 거치는데, 여기서 변압기가 전기를 세게 만들지. 그리고 고압선을 따라 곳곳으로 연결된단다. 온 나라에 얼기설기 연결되어 있는 고압선을 통해 필요한 곳으로 계속 전기를 흘려보내는 거야. 전기는 이렇게 계속 흘러가야 하기 때문에 중간중간 변전소의 변압기에서 전기를 세게 만들어 줘야 하지. 그러다가 목적지에 가까워지면 전봇대 위에 매달려 있는 변압기에서 전기를 약하게 만들어서 집이나 사무실 등으로 보내는 거야.

전기를 만들어 내는 동물 - 전기뱀장어

학명 Electrophorus electricus
분류 잉어목 전기뱀장어과
몸 길이 약 2m 안팎
몸 빛깔 다갈색
서식 장소 진흙 바닥의 조용한 물
분포 지역 남아메리카의 아마존 강, 오리노코 강

전기뱀장어는 몸 뒷부분 양 옆구리에 전기를 만들어 내는 발전기관이 두 개씩 있어요. 전기를 만들어 내는 어류 가운데 가장 높은 650~850볼트의 전기를 내보냅니다. 이는 전기 콘센트에서 나오는 것보다 세 배 이상 강한 거래요. 몸에 닿으면 아주 강한 충격을 느끼게 되고, 말 같은 동물은 감전돼 죽을 수도 있답니다. 전기를 반복적으로 내보내는데, 이를 거듭하는 동안에는 전압이 점점 떨어지지요. 전기뱀장어는 조용한 진흙 바닥을 좋아하며, 어린 고기는 무척추동물을, 어른 고기는 어류나 작은 포유류를 잡아먹고 삽니다.

변전소(변압기)　　고압선용 철탑　　변압기　　변전소　　전봇대　　가정

세상을 바꾼
100가지 공학기술

21 화학비료

그런데 자연적인 상황에선 식량증산에 한계를 가져오는 주된 요인이 있어!

뭔데?

뭐냐하면 식량을 구성하는 주된 화학원소는 탄소, 수소, 산소, 질소, 인인데

식물은 잎을 통해 받아들인 이산화탄소에서 탄소와 산소를 얻고

그러나 단백질, 핵산 등을 만들려면 질소와 인이 필수적인데

뿌리를 통해 흡수한 물에서 수소를 얻지.

인과 칼륨은 인산염을 많이 포함한 암석이나 재에서 얻을 수 있지.

암석   재

질소는 퇴비, 동물의 배설물, 무기질산염(칠레초석) 등을 통해 얻었고.

퇴비   칠레초석   배설물

그러나 그 양이 너무 적어 근본적인 해결책이 안 되는 거야.

너무 적어.

그래서 칠레초석은 19세기 후반 모든 나라가 탐내는 천연자원이었어.

지금의 석유처럼!

칠레초석($NaNO_3$)이란 사막지대 칼리시 층에

칼리시 층

존재하는 질소화합물인데 주요 생산지인 안데스산맥을 둘러싸고

133

좀 더 알아볼까요?

"나, 허수아비. 내 나이 열세 살 정도 되었나? 우리들 사이에선 내가 고참이야. 13년 동안 농사짓는 걸 가까이에서 쭉 지켜봤는데 정말 '아, 옛날이여!'라니까. 퇴비를 쓸 때만 해도 발이 폭신폭신하고 미꾸라지가 발가락 사이로 간질간질 돌아다녀서 재밌었거든(냄새가 좀 나긴 했지만 금세 바람에 실려 가니까 뭐). 지금은 발바닥이 다 갈라진다니까. 퇴비든, 비료든, 이쪽 저쪽 장단점이 있겠지만, 난 그래도 옛날이 좋아. 요즘은 유기농이다 무농약이다, 많이들 한다는데 우리 논은 처음엔 퇴비만 쓰다가 지금은 화학비료랑 농약을 쓰고 있어. 그래도 우리 주인이 양심 바른 사람이라 딱 정해진 양보다 조금 적게 쓴다고. 아무튼 농사에 대해 궁금한 거 있음 물어 봐."

퇴비가 진짜 좋은 이유도 알아?

퇴비란 짚이나 풀, 사람이나 가축의 똥오줌 따위를 썩혀서 만든 거름이야. 두엄이라고도 해. 퇴비를 사용하면 좋은 점? 땅이 건강해져서 농작물이 잘 자란다는 거, 그것보다 좋은 건 없지 뭐. 땅에 지렁이나 미생물 같은 생물이 살게 되고, 그들이 유기물(생물의 몸과 기관을 이루는 물질)을 분해하고, 그 과정에서 생겨난 다양한 영양분을 농작물에 공급해 주거든. 퇴비를 준 땅을 한 움큼 들고 보면 말야, 흙이 새까맣고 몽글몽글 뭉쳐 있는 것처럼 보여. 기름지고 건강한 땅은 이렇게 흙을 이루고 있는 알갱이 여러 개가 뭉쳐 있거든. 그럼 땅에 틈새가 많아져서 물과 공기가 잘 통하고, 식물이 뿌리를 뻗어 가기도 쉽지.

하지만 오랫동안 화학비료를 뿌렸다든가 땅을 일구지 않은 곳의 흙은 물도 잘 빠지지 않고, 공기도 잘 통하지 않게 되지. 또 퇴비를 뿌린 땅에서 자란 농작물은 화학비료만 사용한 경우보다 저장도 오래 할 수 있고, 맛도 더 좋아. 과일 같은 건 색깔도 훨씬 예쁘고 당도도 높다고. 거기다 물을 오염시키는 가축의 배설물을 재활용해 환경오염도 막을 수 있으니, 이 거야말로 일석이조 아니겠어.

화학비료를 많이 쓰면 어떻게 되는데?

화학비료를 사용하면 농작물이 쑥쑥 잘 자라. 처음엔 저 멀리 과수원에서 탐스럽게 익어 가는 과일이랑 우리 논에서 누렇게 익어 가는 벼들을 보면서 내가 다 뿌듯하더라고. 하지만 뭐든지 지나친 게 문제야. 화학비료를 사용하면 분명 수확량이 엄청 많아지지만, 마구 사용하면 땅과 자연의 균형이 깨져 버려. 그렇다고 화학비료를 무작정 나쁜 거라고 생각하는 것도 현명하진 않다고 봐. 지혜롭게 조절하는 게 중요하겠지. 유기농이나 무농약 농사법이 좋은 건 사실이지만 모든 논밭에서 나는 농작물을 그렇게 기를 수도 없는 노릇이잖아.

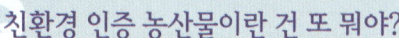

친환경 인증 농산물이란 건 또 뭐야?

좀 더 질 좋은 농산물을 생산, 판매하려고 '친환경 인증제'라는 걸 실시하고 있어. 친환경 인증은 크게 네 단계로 나누어지지. 첫째는 '저농약 농산물'. 화학비료는 되도록 권장 사용량의 절반 이하만 사용하고 농약을 뿌리는 횟수도 절반 이하로 줄여서 농사지은 작물이야. 제초제도 사용해선 안 돼. 둘째 '무농약 농산물'이란 농약을 전혀 쓰지 않으며, 화학비료도 권장 사용량의 3분의 1 이내로 줄여서 기른 농산물을 가리키는 거야. 셋째 '전환기 유기 농산물'이란 게 있는데, 농약과 화학비료를 1년 이상 사용하지 않고 재배한 농산물이야. 유기농으로 농사를 짓기 시작한 지 처음 3년 정도까지는 땅에 화학비료나 여러 가지 화학적 성분이 남아 있을 수도 있거든. 그러니 완전히 유기 농산물이라고 할 수 없으니까. 넷째, '유기 농산물'은 3년 이상 농약이나 화학비료를 전혀 사용하지 않고 재배한 농산물이야. 요즘은 유기농 채소나 과일, 쌀 같은 게 아주 인기라고 들었어.

어떤 방식으로 농사를 짓든, 자연을 좀 생각해 줬으면 하는 바람이야. 새로운 것이면 뭐든지 좋다는 생각도 바꾸고 말야. 그런데 이보다 요즘은 아예 농사를 짓지 않으려는 거 같아 더 큰 걱정이야. 이러다간 나도 조만간 휑한 들판에 내버려지는 게 아닐까, 요즘 밤잠을 설칠 지경이라니까.

세상을 바꾼
100가지 공학기술

22 비타민

대항해시대: 지리상의 발견이 이루어진 15~17세기.

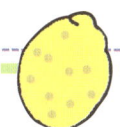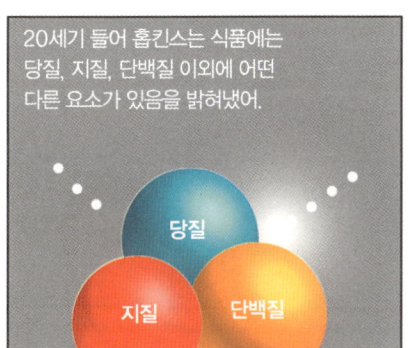

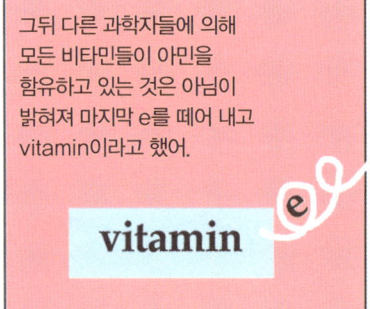

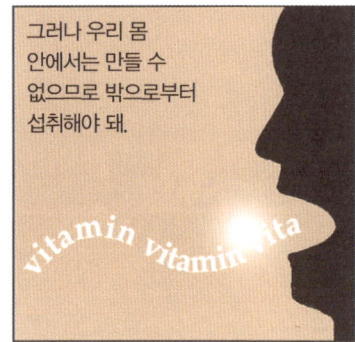

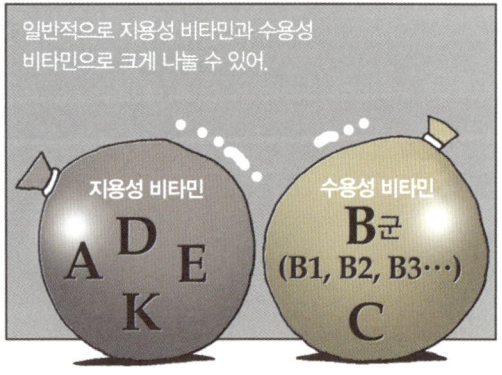

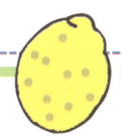

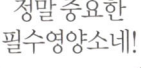
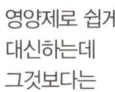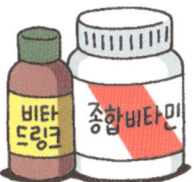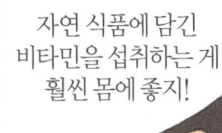

좀 더 알아볼까요?

시금치에는 비타민 A, C, B1, B2뿐만 아니라 철분과 엽산이 들어 있어서 빈혈 예방에 도움이 됩니다. 또한 인체에 해로운 요산을 분리, 배출하는 작용을 합니다.

당근에는 체내에서 비타민 A로 바뀌는 카로틴이 많이 들어 있으며, 비타민 B 복합체가 풍부합니다.

옥수수에는 녹말과 포도당, 비타민 B6가 많이 들어 있습니다.

지용성 비타민 완전 정복!

비타민 A 체내에 모든 기능이 정상 상태를 유지하도록 도와주며, 점막과 피부를 보호해 노화의 속도를 지연시킵니다. 또 어두운 곳에서 잘 보이게 해 주고, 세포의 구조와 기능 유지, 면역 체계의 보존, 성장과 근육 형성에 중요한 역할을 합니다.
- 부족하면? 각막 건조증, 결막염, 야맹증
- 어떤 식품? 동물의 간, 당근, 호박, 복숭아, 시금치, 전복

비타민 D 뼈가 성장하려면 연골(뼈와 함께 몸을 지탱하는 무른 뼈. 탄력이 있으면서도 연해 잘 구부러집니다)이 형성되어야 합니다. 그런데 비타민 D가 연골 형성에 영향을 주는 세포에 직접 작용하지요. 비타민 D는 뼈와 치아를 만드는 데 꼭 필요한 물질이며, 음식을 섭취하고 햇볕을 쪼여야만 체내에서 합성됩니다.
- 부족하면? 구루병, 골연화증, 식욕 부진, 설사, 불면증 등
- 어떤 식품? 달걀 노른자, 우유 등

비타민 E '토코페롤'이라고도 하며, 세포 내에서 산화되기 쉬운 물질의 산화를 억제함으로써 조직이 손상되는 것을 막아 줍니다. 혈액 속의 콜레스테롤을 조절해 주며, 생식 세포가 정상으로 작용하도록 합니다.
- 부족하면? 적혈구 손상, 불임, 생리 불순 등
- 어떤 식품? 콩, 열매류, 깨, 곡류 등

비타민 K 혈액의 응고에 영향을 줍니다.
- 부족하면? 출혈
- 어떤 식품? 양배추, 시금치, 당근, 다시마 등

달걀에는 여러 가지 영양소가 골고루 들어 있지만, 특히 단백질과 비타민 B2, D, E가 아주 많이 함유되어 있습니다.

다시마에는 알긴산과 칼슘, 칼륨, 마그네슘, 요오드, 인, 구리, 망간, 철 등이 풍부하게 들어 있고, 특히 비타민 K를 다량 함유하고 있습니다.

곡류에는 탄수화물과 비타민 B1, B6가 많이 있어서 3대 영양소와 에너지 대사(영양소를 우리 몸에 필요한 에너지로 바꾸거나 노폐물을 배출하는 과정)에 아주 중요한 역할을 합니다.

감자에는 탄수화물 외에도 칼륨과 비타민 C, B1, B2가 많이 들어 있습니다.

콩은 단백질과 지방이 풍부한 식물성 식품으로, 비타민 E, B1이 많이 들어 있습니다.

우유에는 3대 영양소 외에 인, 칼슘, 아연, 철분 등이 들어 있으며, 비타민 B1, B2, B6, 비타민 A, C, E가 풍부합니다.

수용성 비타민 완전 정복!

엽산 헤모글로빈 형성에 관여하는 비타민 B 복합체로, 빈혈을 예방해 줍니다.
- 부족하면? 빈혈, 혀의 염증, 설사 등   ● 어떤 식품? 푸른 잎 채소와 동물의 간, 효모 등

비타민 B1 '티아민' 이라고도 하며, 3대 영양소(탄수화물, 지방, 단백질)의 대사에 꼭 필요한 효소입니다.
- 부족하면? 식욕 감퇴, 신경 불안, 각기병 등   ● 어떤 식품? 콩, 달걀 노른자위, 소의 간, 쌀눈, 효모, 돼지고기 등

비타민 B2 열에 강하며, 에너지 생산과 세포 내 호흡에 반드시 필요한 물질입니다. 성장을 촉진하며 피부의 정상화에 영향을 줍니다.
- 부족하면? 성장 부진, 피부 거칠음, 입술의 염증 등
- 어떤 식품? 달걀 노른자, 소의 간, 우유, 육류, 치즈 등

비타민 B6 아미노산과 단백질 대사에 관여하고 신경 전달 물질을 합성하는 데 도움을 줍니다.
- 부족하면? 성장 부진, 피부병 등   ● 어떤 식품? 소의 간, 쌀겨, 효모, 옥수수 등

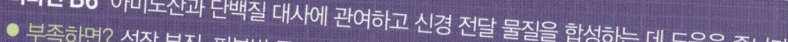

비타민 B12 식물에는 거의 없고 동물의 조직에만 있습니다. 젖산균의 발육을 촉진하고 적혈구를 만들 때 도움이 되는 효소로 작용합니다.
- 부족하면? 악성 빈혈 등   ● 어떤 식품? 소의 간, 굴, 번데기, 메뚜기 등

비타민 C 콜라겐 합성에 꼭 필요하며, 생체 조직 내에서 영양소가 산화되는 것을 막아 대사를 돕습니다. 뼈나 피부 같은 조직 세포를 결합시키는 일을 하는 물질입니다. 열과 알칼리에 약합니다.
- 부족하면? 괴혈병 등   ● 어떤 식품? 신선한 채소, 과일 등

세상을 바꾼
100가지 공학기술

23 고속도로

사진제공: 한국도로공사

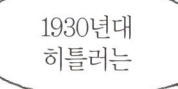

아우토반(Autobahn): 독일의 자동차 전용 고속도로. 처음엔 속도제한이 없었으나 지금은 지역에 따라 제한속도를 두는 곳이 있음.

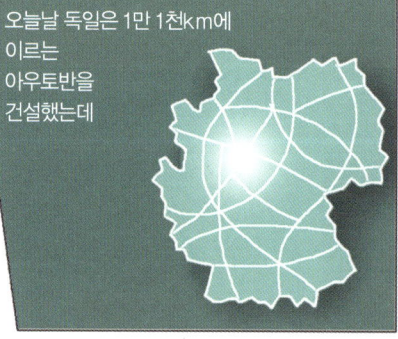

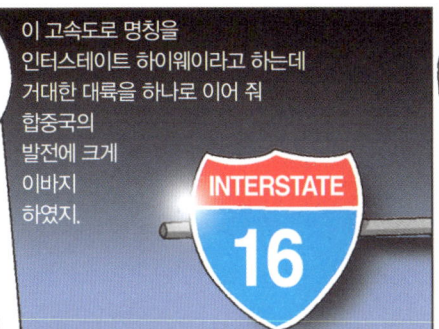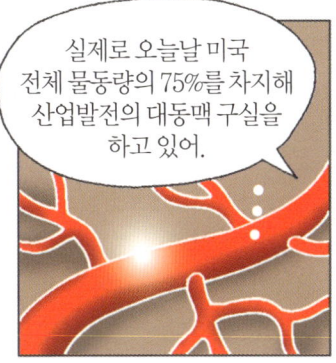

좀 더 알아볼까요?

세상을 바꾼 100가지 공학기술

고속도로가 현대 도시 문명의 상징인 이유는?

도로는 국토의 균형 발전이나 국민 생활 편익을 목표로 건설됩니다. 도로를 따라 지역 발전이 이루어지고 문화권이 형성되므로 그 나라 그 지역의 발달 정도를 가늠하는 기준이 되는 것이랍니다.

고속도로가 건설되면 생활에 많은 변화가 일어납니다. 1일 생활권의 범위도 넓어지고요. 또한 철도 위주로 물건을 실어나르던 구조가 도로 수송 구조로 바뀌게 됨에 따라 공업 단지도 전국 어디에나 건설할 수 있게 되지요. 결과적으로 산업이 발전하고 생산성도 훨씬 높아진답니다.

세계의 고속도로는?

영국의 모터웨이 '모터'란 '자동차'라는 뜻이에요. 따라서 모터웨이란 '자동차 전용 도로'라는 뜻이 됩니다. 영국 모터웨이에서 일반 승용차나 버스, 중·소형 화물차의 법적 제한 속도는 시속 112km입니다.

프랑스의 오토후트 1930년대에 처음으로 고속도로가 건설되었고, 그 뒤 본격적으로 고속도로망이 건설되기 시작한 것은 1950년대랍니다. 프랑스의 고속도로는 특별한 규제가 없는 한 최고 속도가 시속 130km로 제한되어 있으며, 비가 올 때에는 시속 110km를 넘어서는 안 된다고 해요.

이탈리아의 호수 고속도로 1925년 '호수 고속도로'를 완성하면서 '최초의 근대적 고속도로'라는 명성을 얻었답니다. 이탈리아에서는 안전성, 에너지 절약, 대기 오염 등을 고려해 배기량에 따라 고속도로의 속도를 규제하고 있습니다.

고속도로 제한 최고 속도란?

법적으로 달릴 수 있는 최고 속도를 말합니다. 이를 어길 때에는 범칙금 등을 내야 해요. 고속도로를 처음 설계할 때부터 그 도로에서 속도를 어느 정도 낼 수 있는지 도로의 성능을 점검한답니다. 이에 따라 도로 상태에 맞는 제한 속도가 정해지는 거예요. 사람들의 생명이 달린 문제이므로 제한 속도를 잘 지켜야 한답니다. 또한 제한 속도를 지키면 연료도 적게 든다고 하니 경제적으로도 도움이 되겠지요. 우리나라 고속도로의 제한속도는 보통 100~110km 정도랍니다.

110 Km 이하로 달려야 해!

고속도로 통행료를 내는 이유는?

우리나라에서 처음으로 고속도로를 건설할 당시 1인당 국민 소득이 160여 달러에 지나지 않았습니다. 하지만 고속도로 건설이야말로 경제적·문화적 발달을 이룰 수 있는 길이었지요.

고속도로를 건설하는 데에는 어마어마하게 큰돈이 들어갑니다. 당시 우리나라는 고속도로 건설에 필요한 돈을 외국에서 빌려 왔고, 부족한 돈은 독일에 나간 광부나 간호사가 벌어들인 외화나 베트남 전쟁을 통해 번 돈으로 충당했습니다.

그래도 모자라는 돈은 고속도로를 이용하는 사람들이 부담한다는 원칙 아래 통행료 제도를 도입했던 것입니다. 고속도로 통행료 제도가 있었기 때문에 30년이라는 짧은 기간에 '2,000km 고속도로 시대'를 열 수 있었던 것이지요. 미국도 일부 도로에서는 이용자들에게 통행료를 받고 있으며, 캐나다 같은 나라에서는 세금의 형태로 통행료를 거두어들입니다. 이렇게 거둔 돈으로 도로를 고치거나 새로 건설하는 거예요.

> 도로를 고치거나 새로 건설하기 위해!

오스트리아의 아우토반 오스트리아는 동유럽과 서유럽을 잇는 중심에 위치하고 있어서 그야말로 교통의 중심이라고 할 수 있습니다. 오스트리아의 고속도로 역시 '아우토반'이라고 하는데, 독일과 달리 시속 130km 이상 달릴 수가 없답니다.

독일의 아우토반 제한 속도가 없고 도로가 잘 닦여 있어 마음대로 달릴 수 있다는 것이 특징이에요. 또한 안전하고 빠른 통행을 할 수 있는 것으로 유명하지요. 톨게이트 없이 사방으로 뻗어 있는 국도와 연결되고 도심에서도 쉽게 고속도로로 들어갈 수 있기 때문에 아우토반이 고속도로의 진정한 원조라 불릴 수 있는 거예요.

고속도로 교통 정보는?

교통정보센터 상황실에서 첨단 교통관리시스템(FTMS)을 이용해 고속도로 교통 정보는 물론 기상 상태 등을 실시간으로 수집·분석하고 이를 신속하게 전달함으로써 고속도로 운행에 불편함이 없도록 합니다. 전화를 통해 고속도로 상황을 알아볼 수도 있지요.

세상을 바꾼
100가지 공학기술

24 제트엔진과 로켓

음속: 소리의 속도(15℃의 대기 중에서 매초 340m.).

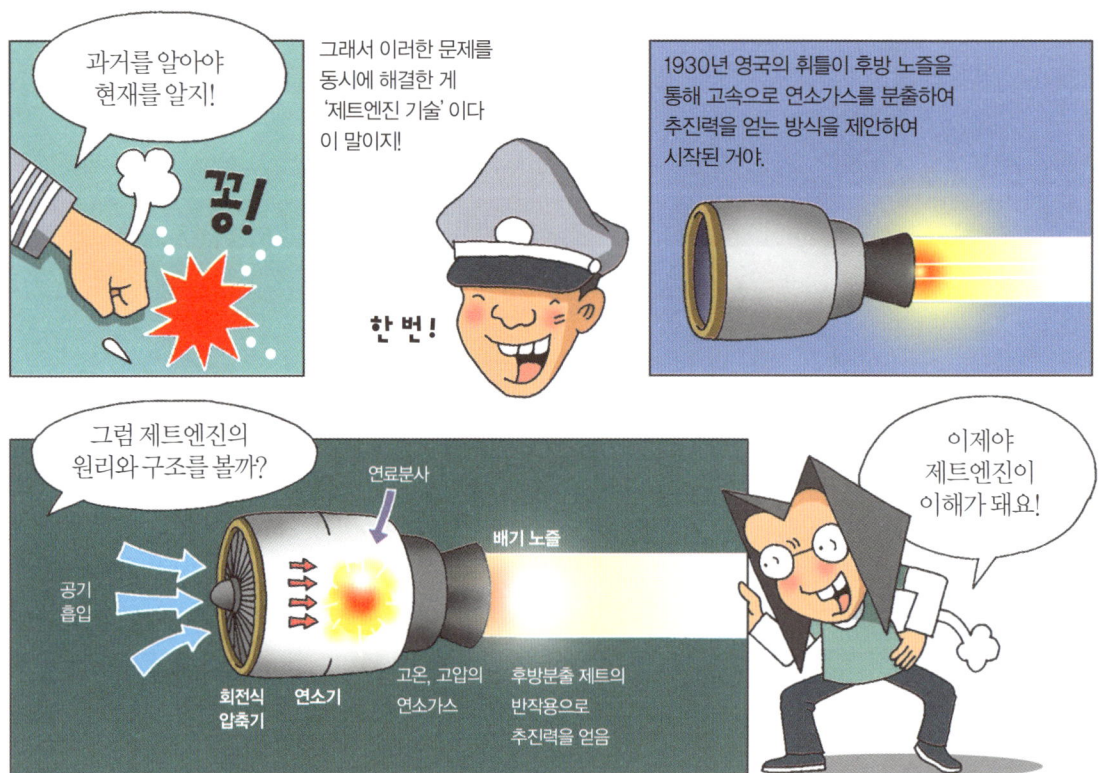

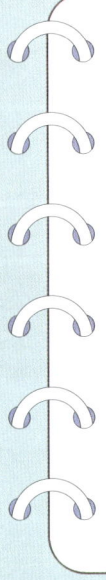

실험으로 배우는 로켓의 원리

준비물: 페트병, 굵은 빨대, 철사, 테이프, 헤어 스프레이, 라이터

제트엔진과 로켓이 움직이는 원리는 같습니다. 하지만 작동 원리상 제트엔진은 주위 공기를 흡입하여 연료를 태워서 미는 힘을 만들어 냅니다. 따라서 공기가 적은 아주 높은 하늘이나 공기가 없는 진공상태의 우주 공간에서는 비행을 할 수가 없겠지요. 이러한 한계를 보완한 것이 로켓입니다. 로켓은 연료와 연료를 태우는 데 필요한 산화제를 로켓 내부에 싣도록 설계해 외부에서 공기를 빨아들이지 않아도 되지요. 로켓 내부에서 연료를 태우고 이때 생겨난 연소 가스가 뒤쪽 구멍으로 뿜어져 나오며 로켓을 위로 밀어 올리는 것이랍니다.

로켓의 기원

로켓의 기원은 850년대로 거슬러 올라갑니다. 당시 중국에서 축제를 했는데, 그때 둥그런 통 안에 고체 화약을 채워 넣어 불꽃놀이를 했어요. 불을 붙여 화약을 태우면 색색의 연소 가스가 통 아래 구멍을 통해 뿜어져 나오면서 그 힘으로 불꽃이 솟아올랐지요.

이후 13세기 무렵에는 중국에서 '화전'이라는 무기를 만들었어요. 대나무 통에 화약을 채워 불을 붙이면 화약이 폭발하면서 가스가 세차게 뿜어져 나오고, 가스가 나오는 반대 방향으로 대나무 통이 날아가는데, 이는 로켓의 원리와 다르지 않답니다.

우리나라에는 고려 말기 최무선이 만든 '주화'라는 로켓형 무기를 1448년에 고쳐 만들어 '신기전'이라고 새롭게 이름 붙였던 것이 로켓의 시초랍니다. 〈병기도설〉이라는 책에 신기전에 대한 기록이 있는데, 이는 세계에서 가장 오래된 로켓 병기 기록이라고 해요. 신기전은 목표 지점에 가까워지면 자동으로 폭발하도록 설계되었으며, 사정거리는 1000m 이상이었답니다. 대나무로 만든 화살대 윗부분에 화약을 채운 종이 약통(로켓 엔진)을 매달고, 약통 위에 폭탄에 해당하는 방화통을 올려놓습니다. 바닥에 지름 37.5mm 크기의 구멍이 뚫려 있어서 도화선과 연결된 약통의 화약이 타면서 가스가 뿜어져 나오고, 그 힘으로 방화통이 날아가는 거예요.

신기전을 장착한 화차

1. 테이프로 페트병에 빨대를 붙이세요.

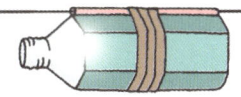
2. 가느다란 철사를 빨대 안으로 넣어 양쪽 벽에 고정시킵니다.

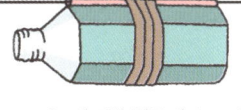
3. 페트병 입구에 스프레이를 뿌려 넣습니다. 페트병 뚜껑에 구멍을 뚫어 입구를 막습니다.

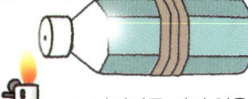
4. 라이터를 켜서 열을 가합니다. 라이터의 열에 스프레이 가스가 팽창되어 밖으로 나가려고 합니다.

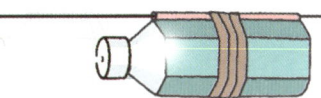
5. 페트병 구멍으로 가스가 뿜어져 나오면서 앞으로 나아가게 됩니다.

로켓에 날개가 없는 이유

로켓이 날아가는 원리는 '작용·반작용(모든 운동은 작용에 반대되는 같은 크기의 반작용이 있다)'이라고 하는 뉴턴의 운동 법칙을 따릅니다. 로켓 내부의 연료가 폭발하면서 높은 압력으로 뿜어져 나온 가스는 자신이 로켓 뒤로 나가는 힘과 같은 크기의 힘으로 로켓을 반대 방향으로 밀어내는 것이지요.

어떤 물체가 기체 속에서 수평으로 날아가려면 움직이는 방향에 수직으로 작용하는 양력을 이용해야 하기 때문에 날개가 필요합니다. 하지만 로켓은 작용·반작용을 통해 힘을 얻어서 위로 쏘아올리는 것이므로 공기가 없는 우주 공간에서도 날 수 있을 뿐 아니라 오히려 공기가 있으면 저항을 받아 비행 속도가 느려질 수도 있습니다. 따라서 날개를 달 필요가 없지요. 그렇지만 처음에는 공기 속을 날게 되는데, 이때 공기 저항 때문에 진로가 흔들릴 수 있으므로 로켓에 작은 핀을 달아서 방향을 잡는답니다.

로켓의 아버지, 고다드

미국의 물리학자 로버트 고다드(Robert H. Goddard, 1882~1945) 교수는 1926년 액체 연료와 액화 산소를 사용한 로켓을 만들어 냄으로써 로켓 과학에 혁명을 일으켰습니다. 이전에는 로켓을 밀고 가는 힘을 화약을 폭발시켜 얻었으며, 화약을 점화하는 데 필요한 산소는 공기 중에서 얻었지요. 하지만 이렇게 쏘아올리면 로켓의 진로를 예측하기가 어려웠어요. 고다드 교수가 만든 로켓은 액체 연료와 액화 산소를 탱크 두 개에 따로 담아서 펌프를 통해 연소실로 보내 태우는 것으로, 최대 시속 97km 속력으로 12.5m 상공까지 날아올랐답니다.

에니악

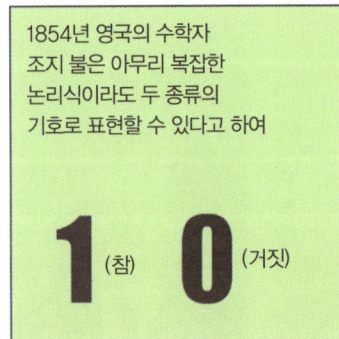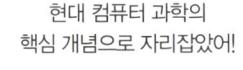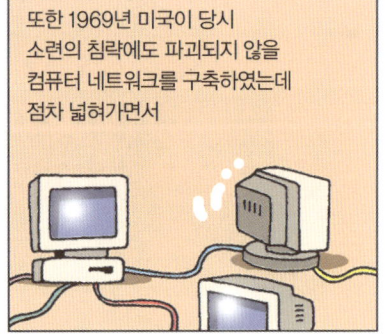

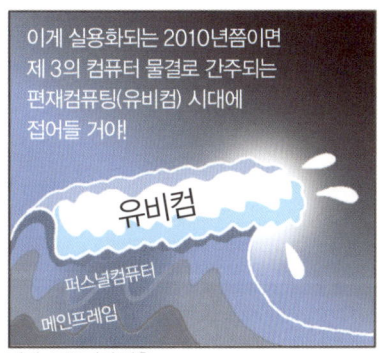

좀 더 알아볼까요?

컴퓨터의 역사

1834 배비지, 수를 계산하고 결과를 프린트하는 기계 제작 시도

1842 아다 러블레이스, 배비지의 기계를 위해 단계별 명령어 작성

1940 미국과 영국에서 최초의 전자 컴퓨터 개발

1948 앤드류 도널드 부스, 자성을 띠는 자기 드럼 기억 장치 개발해 컴퓨터에 사용

1952 존 모칠리와 존 에케트, 최초의 기업용 컴퓨터 유니백 I 개발

1975 가정용 컴퓨터 '알타이르 8800' 판매 시작

1976 시모어 크레이, 과학 연구용 '슈퍼컴퓨터' 크리에-1 개발

1981 IBM사, 인텔 8088 프로세서로 작동하는 개인용 컴퓨터 출시

1982 〈타임〉지, 올해의 인물로 '컴퓨터' 선정

1983 애플사, 마우스를 사용한 가정용 컴퓨터 '리사' 출시

컴퓨터의 종류

컴퓨터는 크기가 작아지고, 성능이 좋아지고, 가격이 낮아지는 방향으로 진화되었답니다.

- **소형 컴퓨터**: 마이크로프로세서(중앙처리장치, CPU)를 이용한 마이크로컴퓨터와 개인용 컴퓨터(PC)
- **중형 컴퓨터**: 대형 컴퓨터보다는 못하지만 개인용 컴퓨터보다 뛰어난 컴퓨터. 동시에 컴퓨터에 접속할 수 있는 장비의 수로 성능을 따집니다. 중소기업 업무에 주로 사용됩니다.
- **대형 컴퓨터**: 복잡한 프로그램을 수행할 수 있는 컴퓨터로, 대기업과 국가 행정 업무에 사용됩니다.
- **슈퍼컴퓨터**: 초대형 초고속 컴퓨터. 처리 속도가 아주 빠르고, 기억 용량이 굉장히 커서 많은 양을 빠르게 처리할 수 있답니다.

슈퍼컴퓨터

컴퓨터 기본 용어

- **CPU(시피유)**: 컴퓨터의 '뇌'에 해당하는 부분으로, '마이크로프로세서'라고도 해요. 손톱 크기만 한 마이크로칩에 전자 회로 수백만 개가 들어 있답니다. 마이크로프로세서는 다른 장치들에서 자료를 받아서 처리하고, 명령을 수행해서 그 결과를 나타내 줍니다.
- **RAM(램)과 ROM(롬)**: 램과 롬은 기억 장치예요. 램은 읽고 쓸 수 있는 메모판으로, 컴퓨터에 정보를 입력하면 램의 저장 내용이 달라지죠. 롬은 명령어들을 모아 놓은 읽기용 기억 장치라고 할 수 있어요. 컴퓨터의 시작은 물론, 컴퓨터 장치들이 제대로 기능하려면 롬이 있어야 해요.

1956 미국 스페리 랜드 사, 트랜지스터를 사용한 유니백 II 출시(컴퓨터 크기가 작아짐)	1956 IBM사, 컴퓨터 디스크 저장 시스템 개발	1960 디지털 이퀴프먼트(DEC)사, PDP-1 출시(12만 달러에 판매)	1961 페어차일드사, 직접회로 생산	1965 DEC사, '미니컴퓨터' PDP-8 출시(과학 연구, 자동 편집 등을 빠르게 처리할 수 있게 됨)	1971 인텔사, '마이크로프로세서 4004' 생산
1984 애플사의 스티브 잡스, 매킨토시 출시	1993 인텔사, 속도가 가장 빠른 마이크로프로세서 칩 '펜티엄' 출시	1994 인터넷에 최초의 쇼핑몰 등장	1997 IBM사의 딥 블루(컴퓨터), 체스 세계 챔피언과 대결해 이김	1998 애플사, 인터넷을 겨냥해 설계한 '아이 맥' 출시	2005 인텔·AMD사, 듀얼코어 CPU 장착한 PC 출시

튜링의 전자계산기

제2차 세계대전 중 영국에는 독일의 무선 통신 암호 '에니그마'를 해독하는 첩보 조직 '울트라 프로젝트' 팀이 있었어요. 그 팀의 일원이었던 수학자 앨런 튜링이 만든 전자계산기 '콜로서스'는 당시 연합군의 골칫거리였던 에니그마를 무용지물로 만들었답니다. 전쟁이 끝난 뒤 울트라 프로젝트 팀은 해체되었고, 콜로서스와 증거물은 모두 파기되었어요. 나중에 다시 이용하게 될지 모른다고 생각한 영국 정부가 울트라 프로젝트를 극비에 부쳤기 때문이지요. 때문에 튜링의 콜로서스는 자신보다 2년 이상 늦게 등장한 에니악에게 '최초'의 영광을 넘겨줄 수밖에 없었던 거예요.

해커와 크래커

해커란 말은 1950년대 말 미국 매사추세츠 공과대학(MIT)의 동아리 모임에서 유래했어요. MIT의 철도 시스템 연구 동아리 학생들은 밤마다 몰래 학교가 구입한 2세대 컴퓨터 PDP-1을 가지고 놀았지요. 당시 MIT에서는 '해크(hack)'라는 말을 '작업 과정 그 자체에서 느끼는 순수한 즐거움 외에는 어떠한 목표도 갖지 않는 프로젝트나 그에 따른 결과물'을 가리키는 은어로 사용했는데, 동아리 학생들이 여기에 사람을 뜻하는 '-er'을 붙여 해커라고 부르게 된 거예요. 이후 해커들은 유용한 컴퓨터 프로그램을 많이 개발했으며, 지금의 컴퓨터 문화를 이룩해 냈답니다.

컴퓨터의 위상

이제 컴퓨터는 일상생활에 없어서는 안 될 물건이 되었어요. 이와 함께 컴퓨터의 고유 영역은 끊임없이 도전 받고 있답니다. 컴퓨터가 내장되어 있는 텔레비전이나 휴대전화가 컴퓨터의 역할을 하게 되면서 컴퓨터 업계의 고민도 그만큼 커지게 된 거예요.

세상을 바꾼
100가지 공학기술

26 자동기계와 로봇

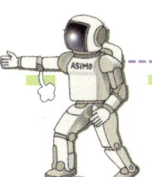

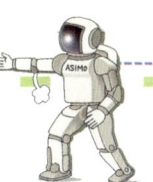

좀 더 알아볼까요?

자동 기계와 로봇의 역사

사람들은 고대부터 '인조인간'을 만들려는 시도를 계속해 왔습니다. 그리스·로마 시대를 비롯해 기원전에는 종교 의식을 치르는 데 쓰려고, 또 중세 때에는 자동 인형을 만들어 건물의 문을 열거나 악기를 연주하는 데 주로 사용했지요.

1954년 미국의 조지 드볼이 최초로 프로그램으로 명령을 내릴 수 있는 로봇을 개발함에 따라 이후 본격적으로 산업용 로봇이 개발되기 시작했지요. 1958년 만들어진 산업용 로봇 '유니메이트'는 1961년 제너럴모터스(GM)라는 자동차 회사에서 자동차 부품 반송 로봇으로 사용되었답니다. 또한 1966년에는 미국의 달 탐사선인 '서베이어'가 달 탐사를 성공적으로 이루어 냈어요.

산업용 로봇은 대체로 사람의 팔처럼 생겼어요. 사람 팔처럼 구부렸다 펼 수 있는데다 사람의 관절과는 달리 여러 방향으로 움직일 수도 있지요. 로봇 팔은 아무리 오래 일해도 지치지 않으니 쉬지 않고 물건을 만들어 낼 수 있답니다. 때문에 자동차 공장이나 반도체 공장에서 팔처럼 생긴 산업용 로봇을 많이 이용하지요.

1970~1980년대의 급속한 산업화와 우주 탐사에 대한 관심이 로봇 개발을 크게 발전시켰답니다. 산업용 로봇 기술은 대단히 발전했으나 휴머노이드 로봇에 대한 관심은 기술적 한계 때문에 오히려 주춤했다가 인공 지능의 개발로 최근 일본을 중심으로 연구 개발이 활발하게 진행되고 있답니다.

명예의 전당으로 간 로봇들

미국의 카네기멜론 대학에는 '로봇 명예의 전당'이 있답니다. 엄격한 심사를 거쳐 해마다 뛰어난 로봇들을 선정하지요. 지금까지 명예의 전당에 선정된 로봇들을 살펴볼까요?

화상 탐사선 '소저너', 최초의 산업용 로봇 '유니메이트', '2001 스페이스 오디세이'에 나오는 'HAL9000', '스타워즈'의 'R2D2'가 2003년에 선정되어 명예의 전당으로 향했습니다. 이어서 1969년 처음 개발될 당시 시대를 앞선 로봇이라는 찬사를 한몸에 받았던 '샤키'가 선정되었습니다. 또 다른 '진짜' 로봇은 '아시모'예요. 아시모는 인간과 비슷한 점을 인정받아 명예의 전당으로 가게 되었지요.

또 전 세계 공상 과학 팬들의 마음속에 잊을 수 없는 인상을 남긴 '스타워즈'의 수다쟁이 'C3PO'가 있어요. 이로써 C3PO는 'R2D2'와 영광스러운 재회를 하게 되었답니다. 영화 '금지된 행성'에 나오는 '로비'와 일본 만화 영화 캐릭터 '아톰보이'도 명예의 전당으로 가는 영광을 안았지요.

아시모

비교! 인간과 로봇

인간	로봇
사람은 뇌의 명령을 받아 움직이고 생각하고 판단한다.	사람이 만든 프로그램 정보와 명령에 따라 움직이며, 생각할 수 없다.
뇌 판단한 명령을 신경을 통해 온몸으로 전달한다.	**컨트롤러** 명령을 저장하는 기억 장치와 로봇을 움직이게 하는 여러 부품을 통해 기계 장치가 움직인다.
감각 기관 눈, 코, 귀, 촉각 등으로 보고 듣고 냄새를 맡는다.	**센서** 열 센서(촉각), 카메라(눈) 등이 사람의 감각 기관 역할을 한다.
혈액 산소와 영양분을 공급해 생명을 유지한다.	**동력 에너지** 전기, 태양열 같은 에너지로 움직인다.
뼈 몸을 지탱한다.	**몸체와 각 부분** 형태를 유지한다.
관절 목, 어깨, 무릎, 손목, 발목 등을 구부렸다 폈다 할 수 있다.	**모터** 반복해서 움직이고, 구부리거나 방향을 바꾸게 해 준다.

사람을 닮은 로봇

27 우주정거장

세상을 바꾼 100가지 공학기술

냉전시대 두 강대국인 미국과 소련은

과학과 기술에서도 서로 한 치의 양보도 없는 치열한 경쟁을 했답니다.
내가 최고야!
웃겨~!

두 나라는 최첨단 과학기술을 과시하기 위해 경쟁적으로 우주선을 쏘아 올렸죠.
콰르르르-
저 빛나는 우주 공간에서도 치열한 경쟁이 벌어진 거죠!

아~ 아폴로 11호!

공부를 열심히 하고 왔군요!

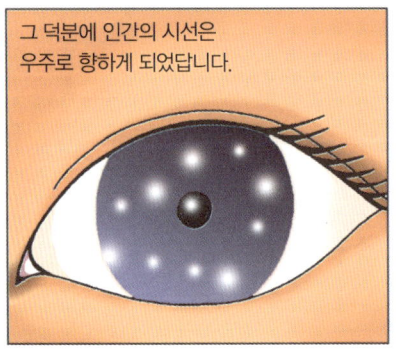
그 덕분에 인간의 시선은 우주로 향하게 되었답니다.

하지만 로켓과 인공위성, 유인우주선, 우주왕복선 등으로는 우주 개발에 한계를 느낄 수밖에 없었어요.
연료가 바닥이 났어.

그런 한계를 극복하고 우주개발에 박차를 가하기 위해 구상된 것이
오랫동안 머물수 있는
좋은 방법이 없을까?

우주정거장이랍니다.
지구 궤도를 따라 움직이는 우주정거장을 만들면 어떨까?

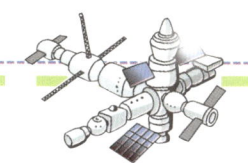

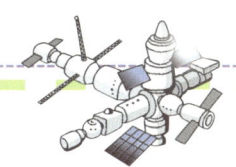

전라남도 고흥군에 짓고 있는 우주센터 조감도: 한국항공우주연구원 제공

우주정거장 총정리

살류트(Salyut)

- 1971년 발사된 세계 최초의 우주정거장
- 1986년 미르 발사 이전까지 총 7회 발사
- 궤도상에서 소유즈 10호와 결합해 무게 26톤, 길이 23m의 우주정거장을 이룸
- 살류트 6호, 총 16명의 유인 임무 수행
- 1,600회에 걸친 갖가지 실험과 관찰을 통해 인간이 장기적으로 우주 공간에 적응할 수 있는지 확인

스카이 랩(Sky lab)

- 1973년 발사된 미국 최초 우주정거장
- 무중량 상태에서의 인간 활동에 대한 실험과 지구와 우주 관측 등의 임무 수행
- 1980년 7월 인도양에 폐기 처리

미르(Mir)

- 1986년 살류트에 이어 발사된 러시아 2세대 우주정거장
- 탑재 모듈 3개가 접속 장치 6개로 연결되어 길이 13m, 지름 4.2m, 무게 21톤의 우주정거장을 이룸
- 우주에서 326일간 체류, 우주 공간에서 인간의 영구 거주 가능성 확인
- 2001년 3월 남태평양에 폐기 처리

국제 우주정거장(International Space Station)

- 1998년부터 미국, 러시아, 일본, 유럽연합 등 총 16개국 참여로 건설
- 무게 450여 톤, 108m×88m×44m로 축구장 2배 크기
- 총 예산 규모는 400억 달러
- 완료 시점 2010년
- 예상 운영 기간 약 30년
- 우주, 지구 탐사, 미세 중력 시험, 상업적 우주 상품 개발을 목적으로 함

우주정거장에서는 어떤 연료를 사용하나요?

우주정거장에서는 가스나 기름 등은 사용하지 않고, 대부분 전기를 이용합니다. 가스나 기름을 사용하면 위험이 따르기 때문이지요. 또한 대류가 일어나지 않기 때문에 가스는 사용할 수도 없답니다. 따라서 가스레인지 대신 전자레인지 같은 전열기를 씁니다. 전기는 태양 전지판이나 연료 전지를 이용해 얻습니다.

우주정거장에서 사는 사람들은 어떻게 생활하나요? 화장실은 어떻게 가나요, 목욕도 할 수 있나요?

우주정거장에 머물고 있는 사람들도 지구에서처럼 일을 하고 밥을 먹고 잠을 잡니다. 그리고 운동도 한답니다. 단 우주 공간이 무중력 상태이므로 우주인들은 공중에 둥둥 떠다니는 음식물을 붙잡아 식사를 하고, 몸을 고정시킨 채 깔때기처럼 생긴 소변기에 오줌을 누어야 합니다. 자칫 방향이 틀어지면 오줌이 방울방울 떠다니게 될 테니 연습을 많이 해야겠지요. 물론 목욕도 할 수 있습니다. 샤워 커튼을 쳐서 밖으로 물이 새지 않게 한 다음, 위에서 물을 뿌려 주고 아래에서 흡수해 여과 정수해서 다시 사용합니다.

우주인 사관학교라는 게 있나요?

러시아에 있는 '가가린 우주 비행사 훈련 센터'는 1961년 인류 최초로 우주로 나간 옛 소련의 우주 비행사 유리 가가린의 이름을 딴 곳으로, 흔히 우주인 사관학교라고 불립니다. 우리나라 최초의 우주 비행사 2명도 2007년부터 이곳에서 1년 여에 걸친 혹독한 훈련을 받게 되며, 2008년 4월이면 진짜 우주인이 되어 국제우주정거장으로 가게 된답니다.

우주 비행사들이 가장 힘들어하는 것은 '인공 수조 훈련'이랍니다. 깊이 12m, 지름 24m의 대형 수조 안에서 114kg이 넘는 우주 유영복을 입고 우주선 밖의 무중력 상태에서 이루어지는 다양한 작업을 익히는 훈련을 합니다. 또 가가린 우주 비행사 훈련 센터에는 무게 305톤에 회전축의 길이가 18m에 이르는 세계 최대의 '원심 분리기'도 있습니다. 우주선이 발사되거나 지구로 돌아올 때 우주 비행사는 지구 표면의 4~8배에 이르는 중력을 경험하게 되므로 원심 분리기 안에서 중력을 견디는 훈련을 받습니다.

우리나라 최초의 우주인은 어떻게 뽑았나요?

2006년 4월 실시한 '한국인 최초 우주인' 모집에는 모두 36,206명이 응모했습니다. 서류 심사, 기초 체력 테스트, 필기 시험 등을 거쳐 2006년 10월 245명으로 후보가 압축되었습니다.

2006년 11월 심리검사, 중력 가속도 내성 훈련 등을 통해 후보를 10명으로 줄인 뒤 러시아 현지 평가를 거쳐 같은 해 12월 최종 후보 2명을 선발했습니다. 이 두 명을 대상으로 다양한 훈련과 평가를 거친 결과 2007년 9월 5일 고산 씨가 '한국인 최초 우주인'으로 최종 선발되었습니다.

- 시력 0.1 교정 1.0 이상
- 키 150~190cm
- 앉은키 80~99cm
- 체중 50~95kg
- 발크기 29.5cm 이하
- 최고 혈압 90~140
- 최저 혈압 60~90

세상을 바꾼
100가지 공학기술

28 허블우주망원경

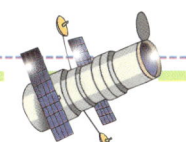

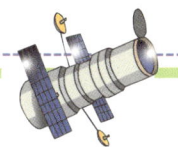

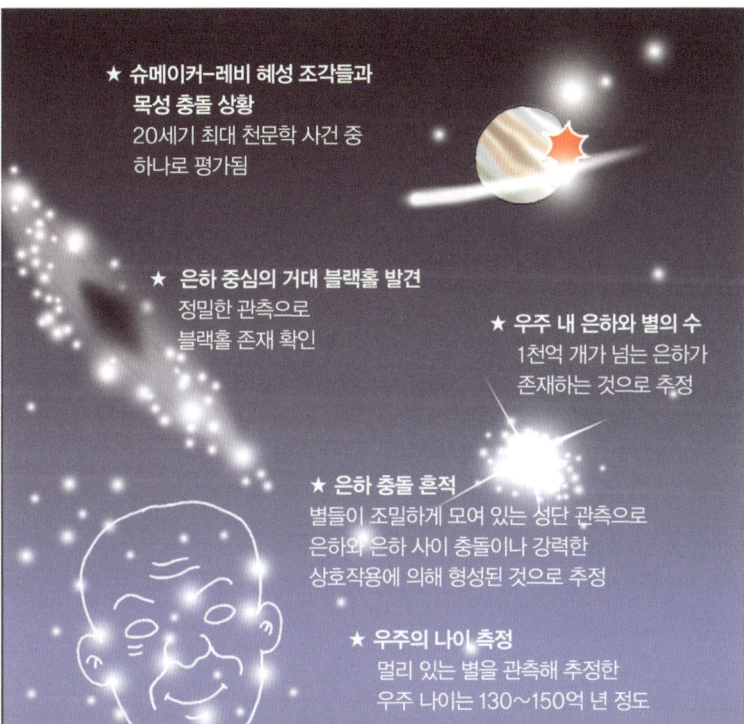

JWST(James Webb Space Telescope): 미국항공우주국(NASA) 2대 소장이었던 제임스 웹의 이름을 따서 붙였음.

지구의 눈, 허블우주망원경

지구에서 우주의 모습을 사진에 담으면 사진이 흐리게 나옵니다. 이는 구름이 별들을 가리고 대기가 이동하기 때문이랍니다. 반대로 우주에서 사진을 찍는다면 선명한 사진을 얻을 수 있습니다. 우주 공간에 떠 있어 대기의 영향을 전혀 받지 않기 때문이지요. 현재 우주의 가장 먼 곳을 볼 수 있는 것은 허블우주망원경입니다.

'지구의 눈'이라 불리는 허블우주망원경은 전체 길이가 13.3m, 무게가 11.6톤, 렌즈 지름이 2.4m로, 맨눈의 100억 배 정도 잘 볼 수 있다고 해요. 이는 1.6km 떨어진 거리에서 머리카락 사이의 틈을 구별할 수 있는 수준이랍니다.

허블우주망원경은 1990년 디스커버리 호에 실려 지구 상공 610km 궤도로 올라간 이후, 96분마다 한 번씩 지구 주위를 돌면서 우주를 관측하고 있습니다. 이렇게 빠른 속도로 지구를 돌면서도 한 천체를 오랫동안 관측할 수 있는 것은 몸체는 움직여도 눈은 한곳을 계속 쳐다볼 수 있기 때문입니다.

허블우주망원경이 우주에서 사진을 찍어 전파로 신호를 보냅니다. 그러면 위성 텔레비전 수신기처럼 생긴 거대한 전파 망원경이 우주에서 날아오는 전파 신호를 모아 사진으로 나타내 줍니다.

전파 망원경의 반사경은 거대한 접시처럼 생겼어요. 반사경들이 회전하면서 모든 방향에서 오는 전파를 좀 더 자세하게 기록합니다. 이렇게 찍은 사진들은 다른 망원경이 찾아내지 못하는 것들까지 보여 주지요. 블랙홀에서 빠르게 뿜어 나오는 가스의 흐름 등을 사진에 담아 내기도 한답니다.

지구 위에 떠 있는 허블우주망원경

허블우주망원경의 배터리를 갈아 끼우거나 고장난 부분을 수리하는 일은 우주 비행사가 합니다. 주기적으로 방문을 해서 허블우주망원경의 상태를 점검하는 것이지요. 지난 2002년 3월에 네 번째로 우주 왕복선을 띄워 허블우주망원경에 첨단 관측 카메라를 장착하고 배터리를 갈아 끼우고, 고장난 부분을 수리했답니다.

망원경으로 우주를 바라보다

천문학자들은 오랜 세월 동안 거대한 망원경으로 우주를 관찰해 왔습니다. 망원경으로 보면 멀리 있는 것들이 더 크고 더 가깝게 보입니다. 우리가 맨눈으로 볼 수 있는 별은 6,000개 정도지만, 망원경이 발명되고 그 성능이 점차 발달함에 따라 더 많은 별을 볼 수 있게 되었답니다. 또한 희미하게 빛나는 우주의 가스 구름, 먼 곳에 떠 있는 별과 은하까지 볼 수 있게 되었지요.

어두운 곳에서 사람의 눈동자는 확대되어 빛을 더 많이 받아들입니다. 이와 마찬가지로, 광학 망원경에서는 반사경(거울) 또는 렌즈가 눈의 역할을 합니다. 따라서 반사경의 지름으로 광학 망원경의 성능(빛을 모으는 능력)을 판단하는데, 반사경의 지름이 두 배 크면 성능은 네 배 좋아진답니다. 반사경 지름이 두 배 큰 망원경은 빛이 4분의 1로 줄어들어도 똑같은 성능을 발휘할 수 있겠지요. 현재 전 세계를 통틀어 가장 큰 광학 망원경은 하와이 마우나케아 봉 천문대에 있는 켁 망원경으로, 반사경의 지름이 10m에 이릅니다.

허블, 그는 누구인가?

미국의 천문학자 에드윈 허블은 1924년 윌슨 산 천문대에서 일하며 은하까지의 거리가 당시 생각보다 훨씬 멀리 떨어져 있으며, 수많은 별들로 이루어져 있다는 사실을 처음 밝혀낸 사람입니다. 당시 허블이 사용한 망원경의 렌즈 지름은 2.5m였는데, 이는 66년 뒤 우주 궤도에 올려 보낸 허블우주망원경의 렌즈 지름과 비슷한 크기랍니다. 물론 성능은 허블우주망원경이 훨씬 뛰어나지만 말이에요.

허블우주망원경의 후계자는?

허블우주망원경은 앞으로 1~2년 이내에 폐기 처분된다고 해요. 원래는 2009년까지 활용한 뒤 2010년에 현재 개발하고 있는 'JWST'를 우주 궤도로 올려 보낼 계획이었지만, 허블우주망원경의 고장, 우주 왕복선 발사의 어려움 등 여러 가지 문제로 앞당겨지게 된 거예요. JWST는 가시광선 영역과 적외선 영역의 천체를 관찰하도록 개발될 예정이며, 허블우주망원경에 비해 반사경이 6배나 크다고 합니다.
현재 활약하고 있는 우주 망원경은 허블우주망원경 이외에도 엑스선 망원경 '찬드라', 적외선 망원경 'SIRTF' 등이 있습니다.

차세대 우주망원경 이미지

세상을 바꾼
100가지 공학기술

29 마천루

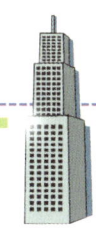

XYZ: Examine your zipper! 비속어로 '바지의 지퍼가 열렸다'는 뜻.

세상을 바꾼
100가지 공학기술 **좀 더 알아볼까요?**

세계에서 가장 높은 건물

현재 세계에서 가장 높은 건물은 2003년 11월 14일 완공된 타이완의 '타이베이금융센터'랍니다. 공사비는 모두 2조 500억 원이 들었으며, 지하 5층, 지상 101층 건물에, 그 위로 첨탑이 60m 높이로 솟아 있습니다. 첨탑을 포함한 건물 높이는 508m로, 이 건물이 완공되기 전까지 세계에서 가장 높은 빌딩이었던 말레이시아 쿠알라룸푸르의 '페트로나스타워(452m)'보다 56m나 높습니다.

우리나라도 2008년까지 서울 상암동에 580m 높이의 국제비즈니스센터(IBC)를 건설할 계획이며, 2008년 착공해 2012년 완공 예정인 인천타워는 151층에 610m나 된다고 해요. 또 아랍에미리트는 '버즈 두바이'라는 세계 최고층 빌딩을, 미국은 뉴욕에 '세계무역센터'를, 중국은 상하이 '세계금융센터'를 각각 세계에서 가장 높은 건물로 만들겠다는 포부를 밝히고 있답니다. 이처럼 세계 여러 나라에서 앞다투어 최고 빌딩 건설 경쟁을 벌이는 데에는 나라 간 경쟁심도 한몫한다고 할 수 있어요.

페트로나스타워가 세계에서 가장 높은 건물이라는 기록을 유지한 기간은 4년밖에 되지 않는답니다. 이제 '세계에서 가장 높은'이라는 기록도 더욱 빠르게 바뀌겠지요.

타이베이금융센터
지하 1층~지상 4층 대형 쇼핑센터(22,600평)
9~84층 사무실
86~88층 식당
89층과 91층 전망대
92층 이상 통신 타워 역할
첨탑

역사상 최고(最古) 최고(最高) 건축물들

1위 이집트 기자의 대피라미드: 기원전 2580년경-147m
2위 영국 링컨의 링컨 성당: 11세기 말-160m(건물 대부분 1192~1320년에 보수되었으며, 1549년 폭풍우에 쓰러졌답니다.)
3위 미국 워싱턴의 워싱턴 기념비: 1884년-169m(남북전쟁이 일어나자 건축을 중단했다가 전쟁이 끝나고 완성했대요. 그래서 위아래 색깔이 다르답니다.)
4위 프랑스 파리의 에펠탑: 1889년-301m
5위 미국 뉴욕의 크라이슬러 빌딩: 1930년-318m

휘청휘청, 무너지지 않을까?

건축 기술은 자연과의 싸움이라고 할 수 있어요. 사람들은 어려움을 극복하며 건축 기술을 나날이 발전시켰답니다. 이와 함께 철강, 유리, 강도 높은 콘크리트 같은 첨단 건축 자재가 속속 등장함에 따라 더욱 높은 마천루를 세울 수 있게 되었지요. 마천루의 무게는 건물 외벽 네 면으로 지탱하는 것이 아니라 건물 내부에 촘촘하게 박혀 있는 강철 뼈대가 버티어 주는 거예요. 이렇게 하면 힘이 분산되어 건물이 무너질 위험이 줄어든답니다.

마천루는 바람의 세기를 조절하는 게 관건이에요. 땅에서 높이 올라갈수록 바람이 아주 세질 뿐만 아니라 약한 바람도 계속 불면 위험할 수 있거든요. 더구나 바람이 건물의 진동수와 맞아떨어지면 건물을 무너뜨릴 수 있는 진동이 생겨난답니다. 또 지진 같은 자연현상도 커다란 참사를 일으킬 수 있으므로 바람, 지진 등 흔들림을 서서히 흡수하는 탄력적인 구조로 건물을 세워야 해요.

또한 공기의 흐름이나 속도 등을 물리학적으로 계산해 건물의 외형을 설계합니다. 건물 위로 올라갈수록 점점 비스듬하게 설계하거나 조금 비틀린 마름모꼴로 설계하는 것도 그 때문이지요. 중국 상하이에 세우고 있는 '세계금융센터'처럼 건물 꼭대기에 커다란 구멍을 내는 것도 한 가지 방법이랍니다. 바람이 구멍으로 빠져서 건물에 영향을 덜 주게 되는 원리지요. '타이베이금융센터' 꼭대기에는 지름 6m, 무게 660톤에 달하는 커다란 강철 공이 매달려 있는데, 이는 바람에 건물이 흔들릴 때 반대 방향으로 움직여서 건물 자체가 많이 흔들리지 않도록 해 주는 장치입니다. 우리가 단순히 건물의 아름다움으로 바라보는 것에도 이처럼 많은 과학 원리가 숨어 있지요.

세상을 바꾼
100가지 공학기술

30 철도

물을 끓여 생기는 증기의 힘으로 움직이는 기관차 말이야!

지금의 기차와 비교하면 굼벵이처럼 느린 기차였지만 낭만이 있는 기차였지.

할아버지는 철도에 대해 잘 아시나 봐요?

우리 할아버진 예전에 기관사이셨어요!

대선배님께 경례!

어쩐지!

척!

좋아, 바로~!

저 녀석이…

세상에 존재하는 것 중 우연히 생겨난 게 없어요!

철도도 필요에 의해서 만들어지게 된 거란 말이지!

뭔 말인고 하면!

산업혁명은 먼저 면 공업에서 일어나게 됐는데

영국의 맨체스터가 그 중심이었고

리버풀은 그 원료인 면화를 수입하는 최대 항구였어.

리처드 트레비식(Richard Trevithick): 영국의 기계기술자, 발명가.

조지 스티븐슨(George Stephenson): 영국의 증기기관차 발명가.

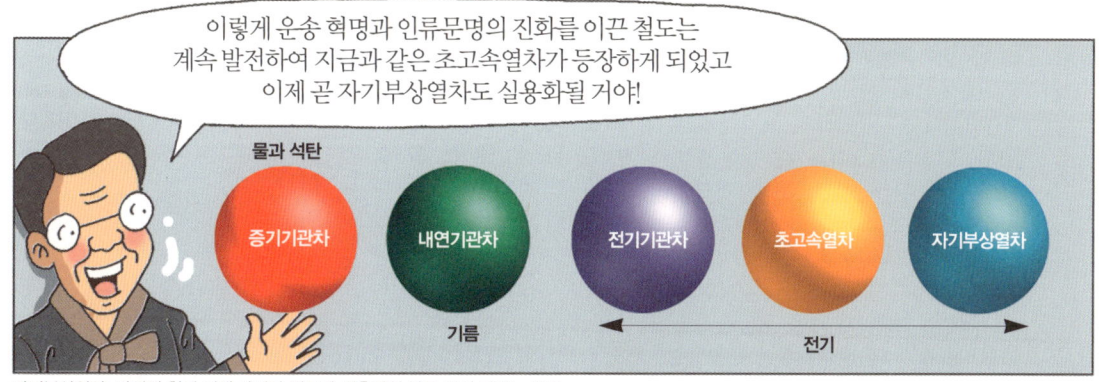

자기부상열차: 자석의 힘에 의해 바퀴가 궤도와 접촉하지 않고 떠서 달리는 열차.

좀 더 알아볼까요?

세상을 바꾼 100가지 공학기술

문단 완성 퍼즐

① 트레비식 증기기관차와 스티븐슨 증기기관차에 관한 글을 읽고, 이어지는 내용을 문단 완성 퍼즐로 직접 완성해 보세요. 같은 칸 맨 윗부분에 있는 글자들 가운데 알맞은 것을 골라 빈 칸에 채워 넣어 내용이 있는 문단을 만들면 됩니다.
② 색깔이 있는 칸은 빈 칸이거나 문장 부호가 들어가는 부분입니다. 숫자는 한 칸에 두 자씩 씁니다.
③ 다소 어려울 수 있으므로 친구나 부모님과 함께 해 봐도 좋습니다.
④ 얼마나 정확하게, 얼마나 빠르게 문제를 해결하는지 서로 겨루어 보아도 재미있습니다.
⑤ 각 글자들은 한 번씩만 사용하므로 사용한 글자에 O 등으로 표시를 해 두는 것이 좋습니다.

퍼즐1. 트레비식 증기기관차

리처드 트레비식은 처음으로 증기기관차를 만들었다. 그 가운데 1804년 웨일스 남부 지역의 페니 다렌 광산에서 철광석을 실어 나르던 증기 기관차가 유명하다. 1시간에 8km를 최고 속도로 14.5km를 달렸으며, 표면이 매끄러운 바퀴가 매끈한 주석 철로 위에서 잘 달릴 수 있다는 것을 보여 주었다. 하지만 기관차의 쏠림을 견디지 못하고 철로가 부서졌고, 이후 사람들의 관심도 멀어졌다. 트레비식이 처음으로 증기기관차를 만든 뒤 증기 기관이 차량용으로도 쓰이기 시작했다. 그때까지만 해도 제임스 와트가 발명한 증기 기관이 공장 등에 보급되면서 차량용으로도 사용할 수 있을 것이라고 기대했다. 하지만 와트의 증기 기관은 크기가 크고 압력이 높지 않아 차량용으로는 이용할 수 없었다. 이를 계기로 보일러 파괴의 위험을 무릅쓰고 대기압의 두 배 이상을 이용하는 고압 기관의 개발이 진행되었다. N. J. 퀴뇨는 1769년에 고압 기관을 사용한 포차를 끄는 증기자동차를 만들었다. 미국에서는 1815년 O. 에반스가 14기압의 증기를 사용하는 기관을 만들었고,

을어기나실보내서	않린는영도일압져졌	더만고이국의는러	에데효에가방미들	었남식증서율	한보이사과는이기다은	용었는데내를	18트덩열는출다한	02어레과사강	따증년용제뜨이리비	라를식소기로해거	형트의높서운이레	작바았이	룬증은다람비물보크연	기기식에을일기	가를러서증보이	기일로일기	10관러으작쓰	이으기은키아이와	5지면관루거뽑
							18	02	년								10	.	5
기	압	의						사	용	해				보	일	러	와		
	실	린	더	가			덩	어	리	를		이	룬						
		만	들	었	다	.	트	레	비	식	의		증	기		기	관	은	
							보	내	는										
	않	고								소	형	보	일	러	로		이	루	
어	졌	는	데	,	이	는				바	람	을		일	으	키	거		
나								증	기	로									
		방	식	이	었	다	.					크	기	가		작	으	면	
서	도		효	율	과		출	력	이								.		

퍼즐2. 스티븐슨 증기기관차

트레비식의 증기기관차에서 결함이 발견된 이후 영국인 존 블렌킨솝, 윌리엄 헤들리, 조지 스티븐슨이 각각 광산에서 사용할 수 있는 증기기관차들을 만들기 시작했다. 최초의 일반 철도는 1825년 9월 27일에 개통되었는데, 영국 북부 스톡턴에서 달링턴을 이어 주었다. 석탄과 승객을 실을 수 있는 기차 38개를 연결해 놓은 기관차였다. 이 기관차는 조지 스티븐슨이 설계하고 운전한 '로커모션'이라는 새로운 증기 기관으로 움직였으며, 한 시간에 16km의 속도로 달렸다. 제작자

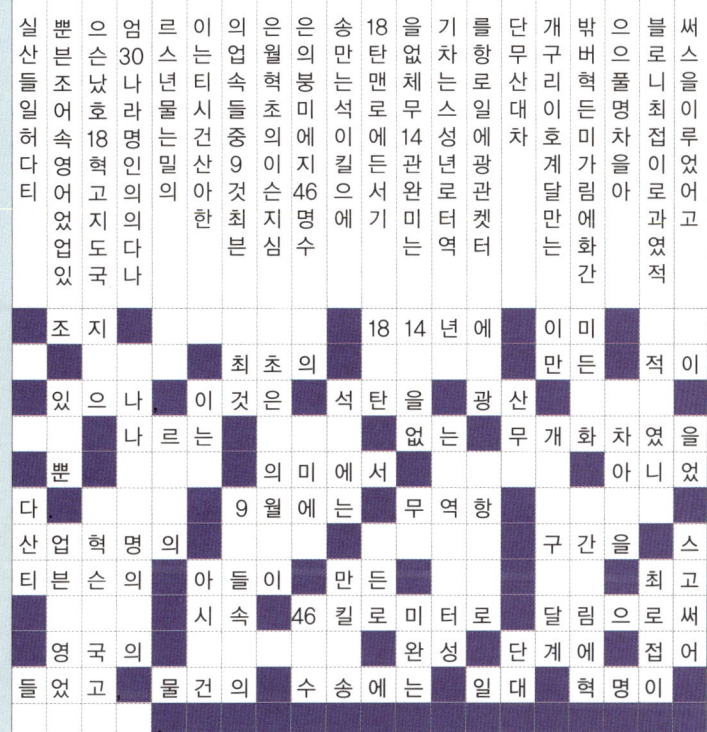

퍼즐1 답

퍼즐2 답

세상을 바꾼
100가지 공학기술

31 복제양 돌리

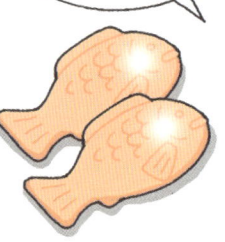

복제: 본디의 것과 똑같이 만드는 것.

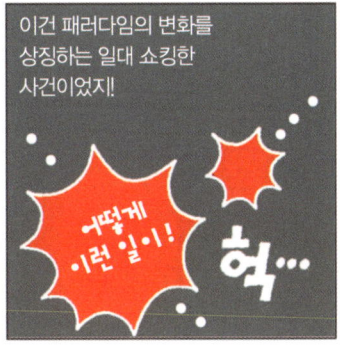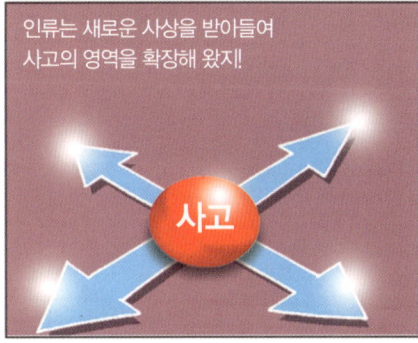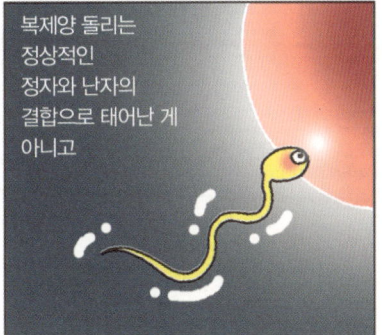

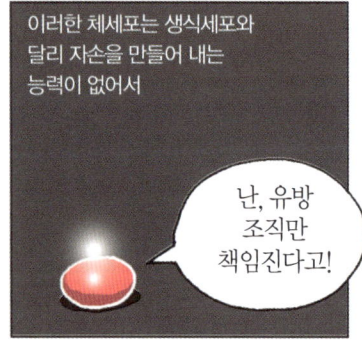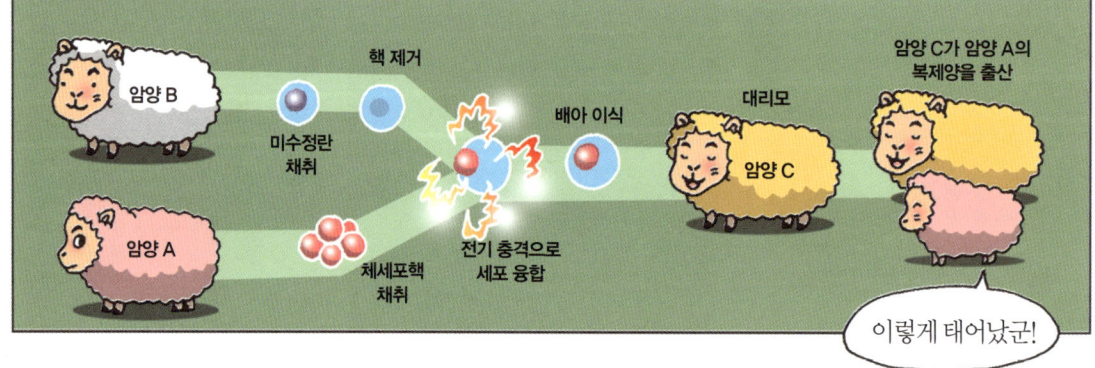

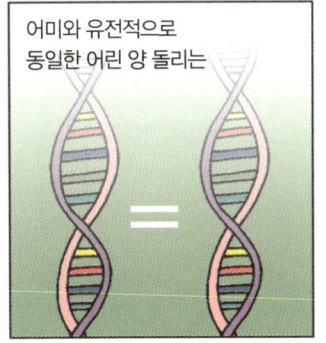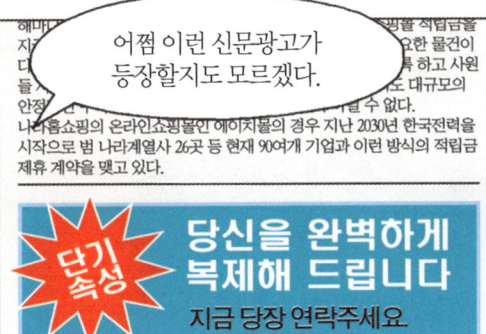

세상을 바꾼
100가지 공학기술

좀 더 알아볼까요?

오리와 마리의

수정 후 14일이 되기 전의 배아는 아직 척추나 내장 같은 신체 기관이 발생하지 않은 상태이며 끝없이 세포 분열을 되풀이합니다.

배아 복제, 찬성합니다!

그러므로 배아에서 추출한 줄기세포는 심장, 간, 혈액 등의 장기로 발달할 가능성이 있는 원시세포라고 할 수 있습니다. 아직은 생명체로 볼 수 없다는 것이지요.

줄기세포를 통한 배아 복제를 놓고 생명 윤리를 거스른다고 주장하는 사람들이 있지만 배아 복제를 연구하거나 이에 찬성하는 과학자들은 아직 생명체가 아니라고 봅니다.

제가 배아 복제를 찬성하는 가장 큰 이유는!

인간의 오랜 꿈과 희망이 담겨 있기 때문입니다.

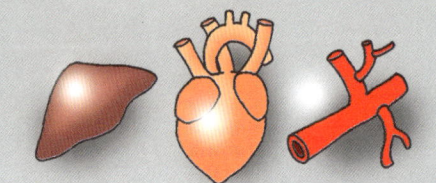

난치병 치료

배아를 복제한 다음, 심장이나 간, 신장, 골수 등 필요한 줄기세포 부분을 집중적으로 배양하고, 여기서 필요한 부분을 끄집어 내면 난치병을 치료할 수 있습니다.

아직 생명체가 아닌 배아를 놓고 생명 윤리를 따지는 것보다 병으로 고통 받고 있는 환자의 인권이 더 중요하다고 생각하거든요.

장기 기증?

무서워...

장기 이식에 대한 인식은 여전히 제자리걸음을 하고 있어 기증자가 없으면 이식도 할 수 없잖아요. 이러한 상황에서 줄기세포 및 배아 복제 연구는 계속되어야 한다고 생각합니다.

과학 논술 토론

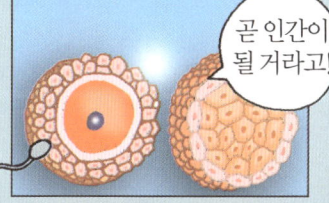

좀 더 알아볼까요?

복제양 돌리의 의미는?

이미 1981년부터 수정란을 나누어 복제하는 방법으로 쥐, 양, 토끼, 소 따위를 복제하는 데 성공했지만, 돌리는 완전히 자란 다른 포유동물의 세포에서 복제된 최초의 포유동물입니다. 이른바 체세포를 이용한 복제 기술의 성공을 뜻하는 것이지요.

1997년에는 돌리를 탄생시킨 기법을 응용해 인간 유전자를 지닌 '폴리'와 '몰리'를 탄생시켰습니다. 사람의 몸에서 피를 응고시키는 단백질 생산 유전자를 추출해 이를 양의 젖 생산 유전자에 이식시킨 뒤 기존 DNA를 제거한 다른 암양의 난세포에다 이를 이식해 수정란으로 만든 다음 대리모에 착상시킵니다. 이로써 젖에 혈우병 치료 성분이 들어 있는 양을 만든 것이지요.

성공적으로 이루어진 복제 기술은 동물 복제를 이용해 인간의 질병 치료의 가능성을 열었다는 점에서 상당한 반응을 얻었으나, 그후 동물 복제에 관한 실험과 시도들이 걷잡을 수 없이 퍼져 마침내 인간 복제 실험에 관한 논쟁으로 치달음으로써 윤리 문제를 야기하게 되었답니다. 이는 성인의 체세포를 떼어 내 자기와 똑같은 인간을 만들 수 있는 이론적 가능성이 열렸기 때문이지요.

인간 복제 금지 선언문이란?

복제양 돌리의 경우 똑같은 실험을 거친 난자 277개 가운데 유일하게 성공한 사례라는 점도 인간 복제 실험을 반대하는 근거가 되었습니다.

이런 논란 가운데 유네스코는 복제 기술 이용에 대한 윤리 협약을 마련했고, 미국 등 여러 나라에서도 규제 법령을 마련하게 되었습니다. 또한 국제연합(UN)에서는 인간 복제를 금지하는 선언문을 채택하기도 했습니다. 이 선언문은 "인간 복제가 인간의 존엄성 및 생명 보호와 양립할 수 없으며, 회원국은 모든 형태의 인간 복제를 금지하는 방안을 도입해야 한다."는 내용으로 이루어져 있으나, 이것을 어겼다고 법으로 처벌할 수는 없습니다.

체세포란?

생물체를 구성하고 있는 세포 중에서 생식세포 이외의 것을 '체세포'라고 합니다. 다세포 생물에서는 개체 발생이 시작되어 세포 수가 증가하면 몸을 구성하는 세포계(몸의 여러 조직 기관을 구성하는 세포)와 생식세포를 형성하는 세포계(난자나 정자 등 자손에게 전해지는 세포)로 나누어집니다. 사람의 체세포는 염색체 46개로 이루어져 있지요.

배아줄기세포란?

수정 후 14일이 되지 않은 배아를 복제해 질병 치료의 용도로 사용하는 것을 '배아 복제'라고 합니다. 배아란 임신 2개월까지의 초기 생명체를 가리키는 말이지요. 난자와 정자가 결합해 수정란이 된 뒤 4~5일 지나면 하나의 세포였던 수정란은 세포 분열을 통해 100~200개 정도의 세포로 이루어진 배반포가 됩니다. 배반포의 안쪽 윗부분에는 세포 덩어리가 들어 있는데, 이 세포들은 세포 분열과 분화를 거쳐 배아를 형성하고, 배아는 임신 기간 동안 하나의 개체로 발생하게 되지요.

이 과정에서 세포들은 장차 혈액, 뼈, 피부, 간 등 한 개체를 이루는 모든 조직의 세포로 발달하게 됩니다. 이 안에 들어 있는 세포를 배반포에서 분리해 특정한 환경에서 배양하면 더 이상 분화는 일어나지 않지만 여전히 분화할 수 있는 능력은 있는 세포로 만들 수 있습니다. 이러한 세포를 배아줄기세포라고 하지요.

모든 조직의 세포로 분화할 수 있으며, 이론상으로는 끝없이 세포 분열을 할 수 있다는 배아줄기세포의 특성을 이용해, 부상이나 질병 등으로 조직이 손상되었을 때 배아줄기세포를 원하는 조직으로 분화시켜서 그 조직을 재생하는 데 이용할 수 있을 것이라고 기대하는 것이지요.

여러분은 어떻게 생각하나요?

세상을 바꾼
100가지 공학기술

32 민간우주관광

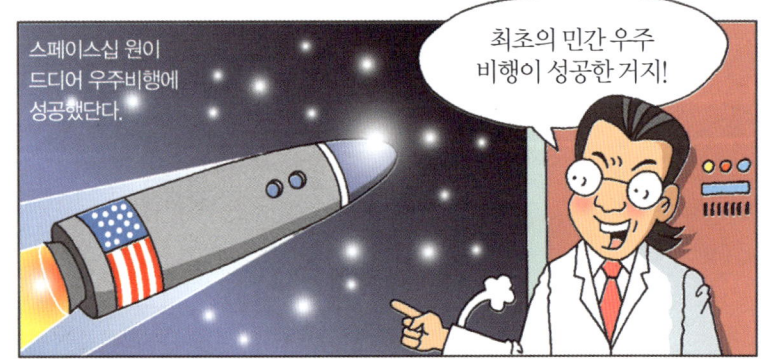

2천만 달러: 당시 우리나라 돈으로 약 230억 원.

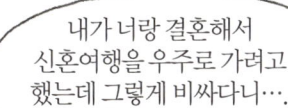

세상을 바꾼
100가지 공학기술

좀 더 알아볼까요?

우주에 가면…

우주 유영을 즐겨요!

우주 비행사가 우주선 밖에 나가 움직이는 것으로, '우주 산책'이라고도 해요. 우주복을 입고, 일인용 로켓을 매고, 몸이 떨어져 나가지 않도록 우주복에 붙어 있는 고리에 줄을 연결해 한쪽 끝은 에어록(공기 압력이 서로 다른 곳의 사이에 설치되어 있는 밀폐 공간으로, 양쪽의 압력에 맞추어 공기 압력이 조절된다.) 벽에 있는 고리에 고정시킵니다. 에어록의 문이 열리면 우주선의 공기가 빠져 나가면서 우주선 밖으로 계단이 펼쳐집니다. 계단 끝은 그 어느 곳과도 이어지지 않습니다. 발을 디딜 바닥 같은 곳이라곤 없는 상태에서 우주선 밖으로 나가는 것이지요. 무중량 상태인 우주에서 움직이려면 조그만 로켓이나 제트를 사용해야 하는데, 제트가 뿜어지는 반대 방향으로 몸이 밀리므로 제트의 방향을 조정해서 자기가 가고 싶은 곳으로 움직이면 됩니다. 우주에 둥둥 떠서 빙그르르 돌고 헤엄치듯 이리저리 움직여 보는 거예요. 운이 좋다면 미국에서 띄운 우주 왕복선과 만날 수도 있을 거예요.

미래의 우주관광 모습을 예측한 그

우주에서 지구를 바라보아요!

지구 표면에서 수백 km 떨어져서 바라보는 지구의 모습은 어떨까요? 지구의 3분의 1이 물로 덮여 있기 때문에 우주에서 지구를 바라보면 파랗게 보인답니다. 지구는 완전한 구형이라기보다는 적도 부분이 좀 더 큰 타원형이라고 해요.

달에서 높이뛰기 선수가 되어요!

지구의 중력만큼 세지는 않지만, 달에도 중력이 있어요. 그래서 달 표면에서 껑충껑충 뛰면 지구에서보다 훨씬 높이 뛰어오를 수 있답니다. 달에는 대기가 없으므로 특수 제작된 우주복을 입어야 해요. 몇십 년 전 미국은 연달아 우주선을 쏘아 올리며 활발하게 달 탐사를 했답니다. 그때 꽂아 놓은 미국 국기와 조그만 월면차를 볼 수 있을지도 몰라요.

무중량 상태를 체험해요!

중력이 없어지는 게 아니라 무게(중량)를 잃는 상태를 뜻하므로 '무중량 상태' 라고 하는 것이 옳답니다. 예를 들어 엘리베이터가 갑자기 내려갈 때 타고 있는 사람의 몸이 떠오르는 것 같은 느낌을 받는 것도 같은 이치지요. 물이 담겨 있는 컵을 무중량 상태에서 흔들면 물은 물방울이 되어 흩어져 날아가 버린답니다. 뿐만 아니라 발과 우주선 바닥 사이의 마찰이 생기지 않으므로 미끄러지기 쉽지요.

우주인이 되고 싶어요!

미국에서 우주인을 뽑는 기준은 대담하고 용기 있는 사람, 냉정하고 결단력 있는 사람, 튼튼한 체력과 강인한 정신력을 갖추고 있는 사람이랍니다. 또한 나이는 서른다섯 살을 넘지 않아야 하며, 키는 178cm 이하, 몸무게는 81kg 이하여야 해요. 이러한 조건을 갖추고 있다면, 심전도·뇌파·시력·안구·혈액 등에 대한 정밀 검사를 받아야 합니다.

체력 검사는 자전거 페달을 얼마나 오래 돌릴 수 있는지, 50℃에 가까운 방에 두 시간 정도 들어가 견딜 수 있는지(이건 찜질방에서 연습하면 되겠네요), 기압이 낮은 방에 얼마나 잘 적응하는지 등으로 이루어진답니다. 또한 복잡한 심리 테스트도 받아야 해요.

우주 비행사로 뽑히고 나면 원심력이 발생하도록 만든 장치에서 로켓의 가속도에 견디는 훈련을 받습니다. 또 빙빙 돌아가는 탁자에 서서 상하 좌우의 흔들림에 견디는 훈련, 우주 비행사 한 사람이 겨우 들어갈 만한 공간에 들어가 수평·수직·사방의 세 방향으로 회전하는 훈련, 엘리베이터 장치로 만들어 내는 무중량 상태에서 견디는 훈련 등을 한답니다.

민간 우주여행자

▶ 2권으로 이어집니다.

● 도움받은 책

1. 김도연, 『우리시대 기술혁명』, 생각의나무 2004
2. 이인식, 『미래 과학의 세계로 떠나보자』, 두산동아 2004
3. 이인식 외, 『세계를 바꾼 20가지 공학기술』, 생각의나무 2004
4. 베른트 슈(이온화 옮김), 『클라시커 50 발명』, 해냄 2004
5. 외르크 마이덴바우어(박승규 옮김), 『발견과 발명으로 보는 과학의 역사』, 생각의나무 2003

● 유물 소장처

쪽	유물	소장처
22쪽	덧무늬토기	국립중앙박물관
	민무늬토기	국립중앙박물관
	빗살무늬토기	경희대학교 박물관
	특수 토기	부산대학교 박물관
	굽다리토기	국립경주박물관
	목긴항아리	부산대학교 박물관
	녹유병	국립중앙박물관
	골호	국립경주박물관
	기마인물형토기	국립중앙박물관
	가옥형토기	국립경주박물관
82쪽	일성정시의	세종대왕유적관리소
	앙부일구	궁중유물전시관
	보루각 자격루	창경궁
71쪽	불조직지심체요절	프랑스 국립도서관
	무주정광대다라니경	국립중앙박물관
154쪽	화차	행주산성

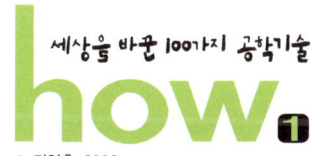

© 김영훈, 2006

1쇄 발행 2006년 10월 30일
11쇄 발행 2018년 3월 23일

기획 한국공학한림원
만화 김영훈
정보 한지연
펴낸이 이상훈
편집인 김수영
편집 염미희 최윤희
디자인 DesignZoo
마케팅 조재성 천용호 박신영 곽은선 노유리
경영지원 이해돈 정혜진 장혜정 이송이

펴낸곳 한겨레출판(주) www.hanibook.co.kr
주소 서울시 마포구 공덕동 116-25 한겨레신문사 4층
전화 02-6383-1602~3
팩스 02-6383-1610
출판등록 2006년 1월 4일 제313-2006-00003호

ISBN 978-89-8431-202-9 77500

• 값은 뒤표지에 있습니다.
• 이 책의 일부 또는 전부를 재사용하려면 반드시 저작권자와 한겨레출판(주) 양측의 동의를 얻어야 합니다.
• KC마크는 이 제품이 공통안전기준에 적합하였음을 의미합니다.
⚠ 책 모서리에 다치지 않게 주의하세요.